KB165666

나의 아버지
펑유란

나의 아버지
펑유란

소설가 딸이 그려낸 한 철인의 인간적 초상

펑종푸 지음 | 은미영 옮김

글항아리

세기의 철학자 펑유란

1 어느 날 아버지가 보였다

2000년 봄, 나는 안질에 걸려 몇 달 동안이나 병원을 들락거렸다. 입원을 하고 수술대에 오르는 것도 이미 예삿일이 되었다. 그럼에도 이번만큼은 어마어마한 두려움이 밀려왔다. 이대로 영영 앞을 못 보게 되는 것은 아닐까? 견딜 수 없을 만큼 두려웠다. 어두컴컴한 블랙홀 속에서 사는 것을 어떻게 견뎌낼까? 어떻게 그 어둠을 견뎌낼 수 있을까? 그 적막함을, 그 단절감을……

세 번째 수술을 기다리고 있을 때였다. 시간은 하루하루 흘러가고 나는 마냥 수술 날짜만 꼽아보고 있었다. 어느 날 밤은 옷을 걸치고 침대에 앉아 생각했다. 나는 왜 이렇게 불행할까? 죽지는 않겠지만 이제 다시는 글을 쓰지 못할 것이다. 앞으로 닥쳐올지 모를 불행에 나는 고통으로 몸부림쳤다. 그때, 정신이 몽롱한 가운데 어떤 그림자가 다가오는 것이 느껴졌다. 그 그림자는 휠체어에 앉더니 수염을 쓰다듬으며 빙긋이 미소지었다. 아버지였다.

"무서워 말거라. 나는 살면서 내가 해야 할 일을 모두 끝냈다. 너도 그럴 수 있을 게야."

나는 아버지가 이렇게 말씀하시는 것을 마음으로 느낄 수 있었다. 이 일 이후에도 나는 여러 차례 아버지의 존재감을 느꼈다. 어느 때는 휠체어에 앉아서, 어느 때는 서재에서, 또 어느 때는 집 안을 거닐면서 지팡이로 바닥을 똑똑 두드리는 소리를 내셨다. 말씀은 없으셨지만 나는 그런 아버지를 생각할 때마다 마치 어떤 가르침과 지혜를 얻는 듯했다.

사실 아버지는 이미 10여 년 전에 세상을 떠났다. 시간이 약이라고 세월이 흐를수록 슬픔과 그리움도 점차 옅어졌다. 처음에는 무슨 일을 하든지 아버지가 먼저 생각났는데 시간이 지나자 점차 변해갔고, 나중에는 아예 까맣게 잊고 살았다. 그런데 실명의 위기를 앞두고 또다시 아버지가 내 곁에 오신 것이다. 아니면 내가 아버지를 다시 떠올린 것이라고 할 수도 있다. 이때 나에게는 아버지가 절실히 필요했으니까.

"무서워 말거라. 나는 살면서 내가 해야 할 일을 모두 끝냈다.

90세 때의 아버지. 이때 아버지는 이미 청력, 시력을 비롯해 몸의 각 부분에서 장애가 나타났다. 그러나 굳은 신념으로 글쓰기를 멈추지 않으셨다.

허난河南성 탕허唐河현의 문봉탑文峰塔. 펑유란은 어린 시절 이곳에서 자주 놀았다.

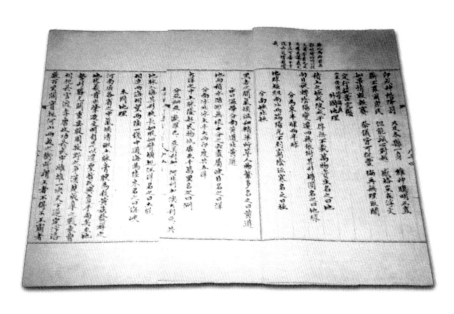

소년 시절 공부한 '신학新學'[청나라 말기의 서양 학문] 가운데 하나인 『지구운언地球韻言』. 아버지가 직접 집필하신 것으로 중국과 외국의 지리에 관한 교재이다.

너도 그럴 수 있을 게야."

정말 나도 그럴 수 있을까? 그러려면 아버지가 어떻게 하셨는지 떠올려야 했다. 나는 기억 저편 깊숙한 곳에서 아버지를 찾기 시작했다……

아버지의 만년은 고달팠지만 동시에 찬란했다. 정치적 소용돌이의 늪에서 벗어날 때까지 전신에 성한 곳이 한 군데도 없을 만큼 핍박을 당했지만 다행히 목숨만은 건지셨다. 아버지는 상당히 자유로운 사상을 펼쳐나가셨다. 1980년, 아버지는 『중국철학사신편中國哲學史新編』 일곱 권을 쓰기 시작했다. 그리고 구술한 것을 받아 적는 방식으로 이 150만 자에 이르는 방대한 책을 완성하셨다. 가히 학술 역사상 기적이라고 할 만하다. 당시에 아버지는 이미 85세의 고령이었다. 잠시 동안 사람들을 만나는 것 외에 매일 오전에는 서재에만 틀어박혀 지내셨다. 아버지의 머릿속은 도서관과도 같았다. 비록 시력이 매우 나빠져 눈앞에 있는 사람조차 잘 분간하지 못하셨지만 수천 년간 이어져온 중국철학 사상의 발전은 아버지의 머릿속에 명확하게 자리 잡고 있었다. 일생 동안 연구하고 또 연구한 결과였다. 아버지는 철학에 한평생을 바치셨다. 1915년 베이징대학교에서 철학에 입문한 이후로 아버지는 한 번도 철학을 놓지 않으셨다.

베이징대학교에 입학할 당시 아버지는 문과에 지원하셨다. 그런데 누군가 아버지에게 법학과가 취직하기에 수월하니 법학과로 지원할 것을 권했다. 게다가 법학과에서는 나중에 문과로 전환하는 일이 가능하지만 문과에 들어가면 법학과로 바꿀 수 없었다. 아버지는 그 말을 듣고 법학과에 지원하여 합격했다. 그러나 나중에 다시 문과로 전환하셨다. 법학을 전공하면 쉽게 출세의 길이 열렸겠지만 그것은 아버지의 이상이 아니었다. 아버지는 철학을 일생의 과업으로 선택하셨다.

아버지 세대는 19세기 말에 태어나 중국의 사회변혁 시기에 신문화를 창조한 세대였다. 어느 학과, 어느 분야를 막론하고 그들에게는 한 가지 공통점이 있었다. 바로 뜨거운 조국애, 자신의 조국이 눈을 부릅뜨고 세계 모든 민족 가운데 우뚝 서기를 열망하는 뜨거운 마음이었다. 나의 이해가 틀림없으리라 믿는다. 아버지의 철학은 공허한 이론이나 서재 평론에 불과한 것이 아니었다. 아버지는 '옛것을 밝혀 새것을 일구다闡舊邦以輔新命', 즉 중국 문화의 정수를 빨아들여 신新중국을 건설하는 자양분으로 삼고자 하셨다. 또한 영원토록 조국과 민족의 앞날을 생각하는 것,

이것이 바로 아버지의 '소이적所以迹'[중국 진晉대 도가道家 계열 학자인 곽상郭象의 철학 이론으로 사물이 갖는 저마다의 본성眞性을 말함]이었다. 역경과 고난도 초심을 바꾸지는 못했다. 아버지가 임종 전에 완성한 『중국철학사신편』의 마지막 구절은 역시나 장재張載[송나라 때의 사상가로 성리학의 기초를 닦음]의 말이었다. "세상을 위해 마음을 정하고, 백성을 위해 사명을 다한다. 앞서간 성현들을 위해 끊어진 학문을 잇고, 만세를 위해 태평성세를 연다[爲天地立心, 爲生民立命, 爲往聖繼絶學, 爲萬世開太平]." 아버지는 여전히 "비록 다다르지는 못할지라도 마음으로 갈망"하고 계셨다.

1942년에 저술한 『신원인新原人』 중에서 아버지는 평생 추구해 온 인생의 경지에 대해 풀이하신 적이 있다. 인생의 경지, 이것은 아버지 철학의 신묘한 샘이기도 했다. 책의 머리말 첫 문장은 바로 장재의 저 네 구절로 시작한다. 그리고 이어지는 구절은 다음과 같다.

"이것은 철학자가 마땅히 기약해야 하는 것이다. 하물며 국가와 민족이 정원貞元의 때를 만나고 끊어지고 이어지는 교체의 시기에 자연과 인간이 경계를 통하고 고금의 변화를 꿰뚫으며 내

펑유란의 부친 펑타이이馮臺異

1912~15년 중저우공학中州公學에서 공부했던 시기에 학우들과 함께 찍은
사진(왼쪽에서 세 번째)

1985년 당시 펑유란은 이미 90세였다. 이때 『중국철학사신편』은 일곱 권 가운데 아직 네 권이나 완성되지 않은 채 남아 있었다.

즈셩芝生[평유란 선생의 회] 선생은 대학자, 철학자, 철학사가, 교육자일 뿐
만 아니라 한 사람의 애국주의자, 한 명의 중국인이다.

천다이쑨陳岱孫

성內聖과 외왕外王의 도를 밝히고자 하는 자는 말하고자 하는 것을 다하여 국가를 위해 태평을 열고 수많은 국민을 위해 안신입명의 쓰임을 다해야 하지 않겠는가. 비록 다다르지는 못할지라도 마음은 그곳을 향해 간다."

『정원육서貞元六書』에 쓰인 몇 편의 서문은 모두 뛰어난 문장이다(정원貞元의 글자 그대로의 뜻은 겨울이 가고 봄이 오는[冬春] 시기임). 나는 이 문장들이 아버지의 마음속 깊은 의지를 나타내고 있음을 잘 알고 있다. 어느 철학 교사는 장재의 네 구절을 가르치면서 눈물까지 흘렸다고 하니 당시 나라와 백성의 안위를 생각하는 이가 결코 적지 않았음을 알 수 있다.

아버지는 돌아가시기 전의 마지막 10년을 『중국철학사신편』 일곱 권과 바꾸셨다. 후세 사람들은 이 책이 논점과 자료의 종합 그리고 통달에 있어서 1930년대에 나온 『중국철학사』 두 권보다 월등하다고 인정한다. 현학玄學[위진魏晉시대에 노장 사상을 위주로 한 철학 사조], 불교 철학, 성리학, 증국번曾國藩[청나라 말기의 정치가·학자. 태평천국을 진압한 지도자. 근대화 운동인 양무운동의 추진자임]과 태평천국에 대해서도 독창적인 견해를 보이고 있다고 평가한다. 또한 인류의 앞날은 분명 "원수는 반드시 화해로 푼다[讐必和而解]"로 귀결될 것이라

인정한다. 이러한 사상은 모두 구술한 것을 받아 적는 방식으로 쓴 150만 자의 방대한 책에 담겨 있다. 개인의 명예와 이익에만 눈먼 자들이 과연 이러한 책을 쓸 수 있을까? 감히 흉내조차 내지 못할 것이다. 80여 세의 나이에 쓰기 시작한 이 방대한 책, 많은 사람이 과연 완성할 수 있을까 걱정했지만 아버지는 결국 해내셨다. 무슨 일이 있어도 이 책을 완성하겠다는 의지로 목숨을 다해 버텨나간 결과였다. 한번은 친구가 찾아와서 아버지의 지친 모습을 보더니 적이 염려하며 내게 물었다. "그만 쓰시는 게 좋지 않을까?" 내가 이 말을 전했더니 아버지는 가볍게 한숨을 쉬며 말씀하셨다. "확실히 힘이 들긴 하구나. 하지만 결코 싫지는 않단다. 멈추려 해도 멈출 수가 없으니 말이다. 이런 것을 두고 '봄누에는 죽을 때까지 실을 뽑고, 촛불은 재가 되어서야 비로소 촛농이 마른다春蠶到死絲方盡, 蠟炬成灰淚始乾'고 하는 거겠지."

그랬다. 아버지는 책 쓰는 것을 전혀 고생스럽게 여기지 않으셨다. 소가 풀을 되새김질하듯이 일생 동안 축적한 지식을 천천히 되새김질하며 사상의 탑을 만들며 스스로 즐기시는 것 같았다. 아버지는 또 아무런 자료나 메모 없이도 책을 저술하셨다.

서학동점西學東漸, 중국과 서구의 철학이 결합하는 것은 필연적인 추세였다. 당대 중국의 철학계에서 가장 명망 있는 사상가는 슝스리熊十力 선생, 진웨린金岳霖 선생 그리고 펑유란 선생이었는데, 이 세 사람의 학설은 모두 중서中西 철학의 융합을 나타내고 있다. 슝 선생의 철학은 불교철학에서 유학으로 전환한 것이었는데 그 역시 베르그송이 주장한 생의 철학의 영향을 받았다. 슝 선생의 철학 체계 중에서 '중中(중국)'은 90퍼센트를, '서西(서구)'는 10퍼센트를 차지한다. 진 선생은 곧잘 영어로 문제를 사고한 다음 중국어로 써내고는 했다. 그는 중국 고대 철학의 정수에 대해서도 꽤 깊이 있는 깨달음과 애정을 갖고 있었다. 진 선생의 체계에서는 '서'가 90퍼센트를, '중'이 10퍼센트를 차지한다고 말할 수 있다. 오직 펑유란 선생의 철학 체계에서만 '중'과 '서'가 동등하게 절반이라고 할 수 있다. 즉 비교적 완성된 단계의 중서 결합이라고 할 수 있는 것이다.

|

장다이녠張岱年

1981년 장다이녠, 탕이제湯一介 등과 함께 일본 학자들을 만났다.

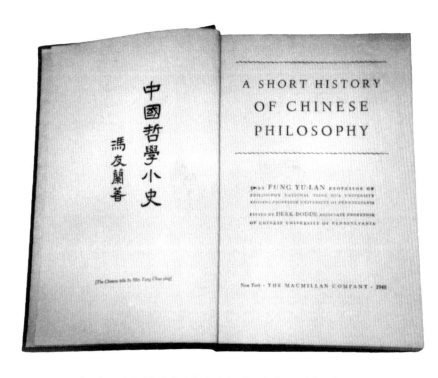

1948년, 미국 맥밀런출판사에서 출판한 영문판 『중국철학소사中國哲學小史』. 이 책의 한국어판 제목은 『간명한 중국철학사』이고 중국어판 제목은 『중국철학간사中國哲學簡史』이다.

『중국철학사신편』의 마지막 저술은 휠체어에서 완성되었다.

쿤밍昆明에 계실 때 외국인 친구 한 분이 이 점을 의아하게 여긴 적이 있다. 쿤밍처럼 책을 구하기도 힘든 곳에서 저술하시는 모습을 보고 자료를 어떻게 구하는지 물은 것이다. 아버지는 "나는 글을 쓰는데 많은 자료가 필요하지 않네. 자료는 내 머릿속에 있지"라고 대답하셨는데, 나중에 앞을 거의 못 보실 때 구술로 받아 적는 방식으로나마 저술이 가능했던 것도 이런 까닭에서였다.

아버지의 생애 말기는 오랜 병마에 시달려 쇠약해질 대로 쇠약해진 상태였다. 가끔 온 몸을 떨며 일어설 때는 촛불이 바람에 흔들리듯이 위태로우셨다. 남들이 보기에는 언제 꺼질지 모를 촛불이었지만 강인한 아버지는 모든 것을 불사르고 사그라질 때까지 결코 쓰러질 분이 아니었다.

아버지의 집념과 깊이, 애정 그리고 집중력은 누구도 넘볼 수 없는 경지였다. 최후 2년간 걷는 것은 물론이고 서지도 못해 곁에서 도와주는 이가 꼭 필요했으며, 제대로 씹지를 못해 세심하게 떠 먹여드리지 않으면 식사도 하실 수 없었다. 한 끼 식사 하시는 데 한두 시간이 넘게 걸리기도 했다. 이처럼 몸이 자유롭지 않고 기본적인 식사마저 힘드셨지만 철학 앞에만 서면 사상의

『중국철학사신편』의 여러 판본

나는 필기를 좋아하지 않는다. 책을 철저히 살펴보면 그뿐이다. 글을 쓸 때도 대강의 요지를 적어둔 적이 없다. 다만 글쓰기 전에 생각을 정리하고 써내려가며 완성할 뿐이다. 책을 읽으며 일일이 적어나갈 필요를 느끼지 못한다. 책에 이미 적혀 있는데 다시 베껴 적어서 무엇을 하겠는가? 나의 감회가 저술에 나타나 있다면 그것은 글을 쓸 당시의 감회일 것이다. 글을 쓰다가 더 새로운 깨달음을 얻는다면 처음의 감회는 이미 지나간 것이 된다.

|

펑유란

나래를 마음껏 펼치셨다. 하루는 갑자기 심장 발작이 났다. 식구들이 급히 응급차를 불러 병원으로 달려갔다. 그런데 아버지는 병상에서 힘겹게 말씀을 이어가며 내게 당부하셨다. "애야. 이번에 나를 꼭 살려내다오. 아직 책을 마치지 못했어. 책이 완성되면 어떻게 되든 상관없지만 지금은 아니야."

1982년 미국의 컬럼비아대학교에서 명예박사 학위를 받으실 때 아버지가 화답하신 시 한 수가 떠오른다.

정貞 강을 건너온 봄을 예순 번 맞지만,
누가 또 건너오는지 강에게 묻네.
지혜로운 산하山河가 진리의 불을 전하니,
앞 시대의 장작이 된 것처럼 하나의 장작이 되려네.

"장작이 불을 전달한다[薪火相傳]"라는 구절은 『장자莊子』「양생주養生主」에 나오는 "장작더미에서 기름은 다 타도 불은 계속 이어져 불씨가 꺼질 줄 모른다[指窮於爲薪, 火傳也, 不知其盡也]"라는 구절에서 인용했다. 아버지는 기름을 부은 장작처럼 앞의 장작이 다

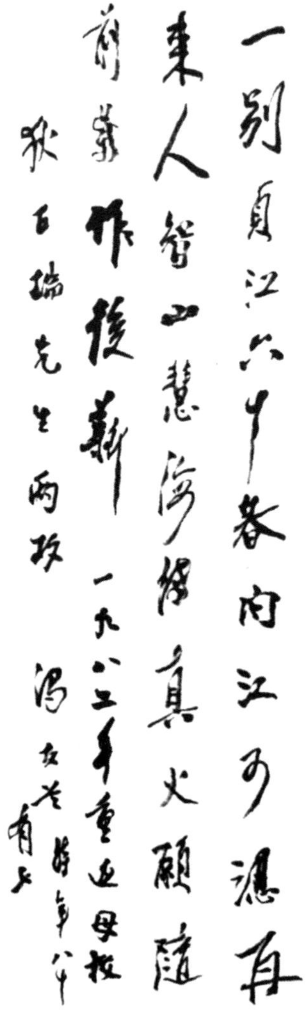

一別貞江六十春　內江乃憑有
來人皆山慧海偈　真火顧隨
前薪作後薪　一九八三年重返母校
狀百瑞先生兩政　馮友老時年八八
友蘭

1982년 명예박사 수여식의 화답 시

타면 뒤의 장작이 대신하듯이 지혜의 불꽃을 대대로 전하는 장작이 되고자 하셨다.

아버지 세대는 책임감이 강하다. 그분들은 한가롭게 여유나 즐기는 것을 죄악시하는 것처럼 보인다. 그러나 사실 아버지는 공자가 진심으로 말한 "나는 증점曾點과 함께하고 싶다[吾與點也]"(『논어』「선진」, 공자는 욕심을 버리고 유유자적하겠다는 증점의 말에 감동하였다)는 구절을 좋아하셨다. 증점은 "기수沂水에 가서 목욕하고 무우舞雩 언덕에서 시원한 바람을 쐬고 시를 지어 읊다가 오겠습니다[浴乎沂, 風乎舞雩, 詠而歸]"라고 말했는데 아버지도 이처럼 자유롭고 한가로운 경지를 좋아하셨다.

1940년대에 아버지는 붓글씨를 요청받으면 당나라 이고李翶의 시 두 수를 즐겨 쓰셨다.

1.

몸을 단련하기가 학 모양 같고 煉[鍊]得身形似鶴形

소나무 그늘 아래에 두어 권 경전뿐이다 千株松下兩函經

내가 도道를 물으니 다른 말은 없고 我來問道無餘說

구름은 하늘에 있고 물은 물병에 있다 하네 雲在靑天水在瓶

2.

조용히 머물 곳을 골라 자연의 정취를 즐기니 選得幽居愜野情

한 해가 지나가도 오는 이도 없고 가는 이도 없네 終年無送亦無迎

어느 때는 곧바로 산 정상에 올라 有時直上孤峯頂

달 아래 구름을 헤치고 한번 크게 웃는다 月下披雲笑[嘯]一聲

이 두 시는 수십 번 쓰고 또 쓰셨는데 지금은 「달 아래 구름을 헤치고 한번 크게 웃는다月下披雲笑一聲」 한 폭만 집에 남아 있다. (아버지는 '휘파람 소嘯' 대신에 '웃을 소笑'를 쓰셨는데 나쁘지 않은 것 같다.) 아쉽게도 '구름은 푸른 하늘에 물은 물병에' 구절이 담긴 것은 소실되었다. 아버지는 완강할 정도로 철저한 분이었다. '봄누에는 죽을 때까지 실을 뽑고, 촛불은 재가 되어서야 비로소 촛농이 마른다' 라는 정신과 함께 마른 장작이 되어 횃불을 전달하겠다는 사명감에 불타셨다. 그러나 품위를 잃지 않으면서도 활달한 면이 있으셨다. 유가儒家에서 말하는 '불가함을 알아도 해내는知其不可而爲之' 정신과 '푸른 하늘에는 구름이, 물병 속에 물이'의 불佛, 도道, 선禪 정신의 조화가 이뤄졌기 때문일 것이다. 이런 정신의 조화가 있었기에 중국처럼 지식인에게 혹독한 환경에서도 살아남을 수 있었던 것이다.

수년 전에 아버지가 나에게 써주신 공정암龔定庵(1792~1841)의
시를 인용한 글귀가 생각난다.

대기만성이라고 말하지만 雖然大器晩年成

출중한 재능도 젊은 날의 노력이 따르네 卓犖全憑弱冠爭

선현의 가르침을 배우고 그 덕을 쌓되 多識前言蓄其德

익힘에 공연히 허명을 좇지 말라 莫抛心力貿才名

또 한번은 나(딸)와 사위를 위해 이런 시를 써주시기도 했다.

일곱 자를 내 좌우명으로 삼으리 七字堪爲座右銘

공연한 명예를 좇지 않으리라는 것을 莫抛心力貿才名

음악이 멈추는 그 자리를 보아라 樂章奏到休止符

소리가 없는 경지가 소리를 이기니라 此時無聲勝有聲

아버지는 무슨 일이든 온 마음을 다하라고 우리에게 당부하셨
다. 헛된 명성에 기대어 들뜨지 않으면 고요함 속에서 더욱 아름

1918년에 지원포稽文甫(혜문보), 한시칭韓席卿 등과 잡지 『심성心聲』을 창
간함. 위는 창간 멤버들의 기념사진으로 오른쪽에서 두 번째가 펑유란 선생

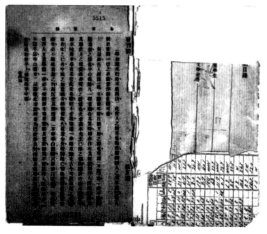

『심성』의 창간호 표지와 발간사

딸 종푸[종푸宗璞는 필명이며 종푸鐘璞는 실명]와 오붓한 한때

펑유란 선생을 떠올리면 베이징 화원학교華文學校에 있을 때의 일이 생각난다. 어느 날 선생이 내 사무실에 들러 느닷없이 말씀하셨다.

"당신네 서양 사람들은 언제든 멈춰 서서 마지막에 결론을 내릴 자리를 찾고 있어요. 그런데 이 세상에 최후의 결론이란 없지요. 천하는 멈추지 않는답니다. 『역경易經』의 64괘 중 마지막 괘가 미완의 괘인 미제未濟인 것을 아시지요?"

나는 적잖이 놀랐다. 내가 들어본 말 중에서 서구의 사유 방식에 대한 가장 예리한 평가였다.

|

〔미국〕, 험멜William Hummel

다운 음악이 들린다고 하셨다. 이 말이 생각날 때마다 아버지가 여전히 저곳에 앉아 계신 것 같다. 손을 뻗어 위로 한 번, 아래로 한 번 저으면서 '푸른 하늘에는 구름이, 물병 속엔 물이'라는 시구를 들려주시는 것 같다. 진정으로 이 의미를 깨달은 사람은 몇이나 될까?

나는 무사히 수술을 받고 퇴원했다. 집 안을 천천히 둘러보다가 아버지가 이전에 쓰시던 방에 귀를 기울였다. 아버지의 기침 소리가 들려오지 않을까 기대해보았지만 고요하기만 했다. 아버지의 서재에서 창밖으로 큰 나무를 물끄러미 내다보았다. 이곳에서 장님에 가까웠던 아버지는 33년을 보내셨다. 나도 앞을 못 보게 될지 모른다. 그래도 한 가지는 확실하다. 나도 아버지처럼 이곳에서 이렇게 앉아 생을 보내게 될 것이다.

2 옛일을 밝혀 새로운 일을 돕는다

1985년 12월 4일은 아버지의 아흔 번째 생신이었다. 당시의 사회 분위기에 따라 우리 집도 생일을 챙기지 않았다. 한평생 수고하신 어머니도 생신 상을 받은 적이 없다. 그러나 1980년대에 접어들면서 사회가 변했다. 사람들은 더 이상 비판에 내몰리지 않았고 삶에 윤기가 돌기 시작했다. 세상이 좋아진 듯했지만 아버지는 연로하여 하루하루를 힘겹게 지탱하셨다. 우리는 늘 조마조마했다. 아버지를 염려하는 마음은 자연스럽게 아버지의 생신을 챙기는 쪽으로 표현되었다. 생신날은 온 가족이 모이는 중요한 하루가 되었다. 아버지도 기꺼이 하얀 수건을 두르셨다. 생일상에 앉아 음식을 하나씩 맛보면서 흐뭇한 미소를 지으시던 모습이 눈에 선하다. 그럴 때마다 나는 기쁘면서도 다음 해에도 같은 자리를 기약할 수 있을지 걱정이 들기도 했다.

그렇게 한 해 한 해가 흘러 1984년이 되었다. 아직 여름인데도 친지들이 아흔 번째 생신을 어떻게 할지 물어왔다. 아직도 세태를 염려하는지 중국의 주석도 생일을 성대하게 보내지 않는다고 은근히 말하는 사람도 있었다. 철학자가 주석을 따라 할 이유는 없지 않을까? 돌아가신 후 성대한 장례식이 무슨 소용이 있겠는가! 생전에 함께 모여 생신을 축하해드리고 기뻐하는 게 낫지 않을까? 아흔 번째 생신을 맞는 일이 어디 흔한 일인가? 미국에 있는 장남인 중랴오鐘遼도 생신 축하연 때 태평양을 건너올 것이라고 '선포'했다. 아버지의 제자들과 많은 동료 학자도 아흔 살 생신 잔치를 열어보자고 적극 나섰다. 아버지도 내심 기대하는 것을 느낄 수 있었다. 나는 마음을 정했다.

1983년 12월에 있었던 베이징대학교 철학과 기념식이 생각난다. 아버지와 장다이녠 교수의 지난 60년의 강의를 치하하는 자리였다. 기념식에는 당시 베이징대 총장인 장룽샹張龍翔 선생과 칭화대학교 부총장인 자오팡슝趙訪熊 선생이 참석했다. 기념사에서 두 분은 1948년에 베이핑北平(베이징)이 해방되기 직전에 아버지가 미국에서 귀국하신 일을 거론하며 아버지의 애국심을 한결같이 칭송했다. 또 60년간 남다른 교수 및 연구 활동도 인정받았다. 사실 철이 들고 30년 가까이 나는 아버지를 비판하는 소리만 들었고, 아버지 자신도 스스로 비판하셨다. 이런 분위기 속에서 가정은 내게 머리를 짓누르는 거대한 돌덩이처럼 느껴졌다. 결코 벗어버릴 수 없는 무거운 짐이었다. 신新중국은 3개의 거대한 산을 만들어 사람들의 머리를 눌렀는데 많은 사람이 자신의 출신(가정) 때문에 숨조차 쉬기 힘들었다. 나도 그중의 한 사람이었다. 그래도 나는 중앙 기관에서 근무했기 때문에 정상적으로 사고하는 사람들과 생각을 나누며 숨을 쉬었다. 반면에 비판에 내몰려야 했던 아버지는 정신적으로 많이 힘드셨다. 비판이 때로는 타당하고 아버지 자신에게 도움이 된다고 인정했지만 분명히 괴로우셨을 것이다. 1983년에 열린 기념식에서 아버지에 대한 연이은 찬사를 들으면서 나는 남다른 감회에 젖었다.

태어나서 처음으로 아버지에 대해 공식적으로 인정하는 말을 듣게 된 것이다. 그것은 아버지가 오랜 세월 반성을 잘했다는 인정이 아니라 바로 아버지의 행위와 업적에 대한 평가였다. 그 순간 내 머리를 내리누르던 거대한 돌덩이가 사라지는 기분을 느꼈다. 그렇다. 이제 세상이 달라졌다. 거리를 오가는 사람들의

馮友蘭先生九十

1985년 12월 4일, 베이징대 작원勺園에서 열린 펑유란 선생 90세 생신 축하
연. 생신을 축하하기 위해 미국에서 돌아온 장남 중랴오(왼쪽)

옷차림을 보면 자신의 개성을 표현하기 위해 여러 색상으로 눈이 부실 지경이다. 토론에 참가한 사람들은 모두 자신의 목소리로 자유롭게 말한다. 아, 본디 삶이란 자유로운 것이 아니겠는가! 무거운 짐을 벗는 순간 냅다 소리를 지르고 싶은 심정이었다. "나는 살아남았다! 다행히 아직 살아 있다. '문화(대)혁명'을 견뎌냈다!"

아흔 살의 노철학자도 문화대혁명文化大革命[1966년부터 1976년까지 마오쩌둥에 의해 주도된 극좌 사회주의운동]을 견디셨다. 아버지가 걸어오신 길은 뚜렷한 자취로 남았다. 그 족적을 인정하고 축하해드리는 것이 당연하지 않겠는가? 살아남았기에 아버지는 이 같은 기념회에도 오실 수 있었다. 기념회에 참석한 철학계 인사들은 아버지가 철학사에 남긴 연구 성과를 진심으로 높이 평가했다. 모두 다음에는 '다수茶壽' 축하연에 참석하기를 고대한다고 말했는데, 여기서 다茶는 108세를 뜻한다. 그저 단순한 인사말일 수도 있으나 진심이 가득 담겨 있었다. 이제 세상이 정말 달라졌다. 폭로와 투쟁, 경계, 적대감으로 얼룩진 인간관계가 아니라 서로 믿고 사랑하는 관계가 가능해진 것이다. 이제 시작이라고 해도

1983년 12월 4일, 펑유란이 88번째 생일에 직접 쓴 자수련自壽聯의 일부
('米'는 미수米壽로 88세를, '茶'는 다수茶壽로 108세를 말함)

엄청난 전환이었다.

이날 베이징대 철학과의 황단선黃枏森 주임 교수는 아버지의 애국심을 높이 평가하면서 이런 말을 남겼다. "해방 전에 펑 선생께서는 칭화대학교의 사무처장(대리)을 맡으셨는데 베이핑이 해방되자 칭화대를 온전하게 인민의 손에 넘겨주셨지요. 정말 훌륭한 분이셨어요." 이 같은 일은 아버지에 대해 알게 된 새로운 사실이었다. 이 일에 대해 아버지는 이렇게 말씀하셨다. "당시에 총장이 남쪽으로 피신하자 교무회의에서 나를 선임했지. 어떤 뚜렷한 묘안도 없이 나는 학교의 상황을 유지하고자 애썼을 뿐이야. 교무회의에서 바라던 일이기도 하고. 이제 와 보니 내 판단이 맞았단 말이지. 세상도 현실을 알아가고 있으니……. 오래 살아 참 다행이야."

아버지는 이런 말씀도 하셨다.

"장수하니 진실을 더 많이 알 수 있어서 좋아. 특히 철학의 진리를 깊이 이해하게 되었어. 그간의 경험이 진리를 깨닫게 도와준 거야. 공자께서 '오래 살아야지, 쉰에 주역을 배우면 큰 허물

생신을 축하하는 손님들

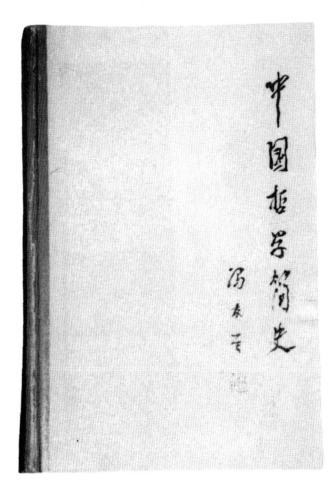

『중국철학간사中國哲學簡史』표지 사진

1985년, 펑유란 선생이 90세 생신 축하연 답사에서 『중국철학사신편』의 저술에 대해 설명하고 있다.

이 없을 것이다[假我數年, 五十以學易, 可以無大過矣]'라고 하셨는데, 오십이 되기 전에는 경험이 부족해서 주역의 이치를 깨치기가 어렵거든. 쉰 살이 넘어 겨우 깨치려고 하는데 하늘이 불러 세상을 하직해야 한다면 어쩔 텐가. 그러니 공자께서도 '오래 살고자' 하셨지. 이런 이점도 없다면 나이를 먹는 게 아무짝에도 쓸모없는 일이지."

수천 년을 이어온 중국 역사에서 아흔을 넘겨 장수한 철학자는 명나라 중엽의 잠약수湛若水와 명말明末 청초淸初의 손기봉孫奇逢 두 분이다. 당시 아버지는 이미 아흔을 넘기고 100세를 바라보고 있었다. 장수하는 사람이 늘고 건강에 대한 관심도 커져 고령화가 추세라지만 아흔을 넘기기란 쉽지 않은 법이다.

아버지가 장수할 수 있었던 이유는 매일같이 중국 전통문화의 진수를 흡수하셨기 때문이 아닐까? 내면의 풍부함이 건강과 관련이 있지 않겠는가? 사람들도 이 점을 궁금해한다. 즉 충실하고 안정된 마음이 장수에 미치는 영향이 크지 않을까? 아버지는 어떤 구체적인 문제에서는 주저하고 흔들릴 때도 있지만 정답을 찾기 위해 끝까지 매진하는 정신을 놓지 않았다. 진리를 찾기 위

1980년대 후반, 베이징대 철학과 교수인 장다이녠과 함께

해 자신까지 버리기도 했다. 시대와 자신의 사상이 서로 배치되면 아버지는 항상 처음부터 다시 시작할 줄 아셨다. 나는 중국인이 세상에서 가장 건강한 정신을 지닌 민족 중 하나라고 늘 말하고 다닌다. 고난을 극복하는 중국인의 건전한 정신은 어디에서 오는 것일까? 인생에 대한 유가의 지혜와 실천력이 중국인을 이처럼 건강하게 만든 것 같다. 또 하나 중국 문화를 만든 사상은 "기수沂水에 가서 목욕하고 무우舞雩 언덕에 가서 시원한 바람을 쐬고 시를 지어 읊다가 돌아오겠습니다"와 같은 중점의 생각이나, 어디서든지 노닐 수 있는 장자의 사상이다. 혹은 "내가 도를 물으니 다른 말은 없고, 구름은 하늘에 있고 물은 물병에 있다고 하네"의 선종禪宗의 경지이다. 이 같은 사상은 주변 세계에 흔들리지 않고 풍부한 내면의 세계를 추구한다.

송나라와 명나라의 도학道學(성리학)은 정신을 혹독하게 단련하는 측면이 있다. 결국 사람을 지나치게 몰아붙인다. "사사로운 욕망이 사라진 곳에 하늘의 도가 있다人慾盡處, 天理流行"라거나 "일상의 평정을 즐기고…천지만물과 상하가 함께 통한다樂其日用之常…直與天地萬物, 上下同流[『논어』「선진」편 25장 주석 부분]"와 같은 말이 대

『신사론新事論』과 『신이학新理學』

1980년대, 집에 찾아온 손님과 담화 중인 모습. 오른쪽은 당시 베이징대 철학과의 젊은 교수인 천라이陳來

표적이다. 아버지는 빈곤 속에서도 정신을 단련하는 '공자와 안회의 즐거움(孔顔樂處)' 같은 사상을 두고 출세(出世)와 입세(入世)의 정신이 결합되어 현실과 이상이 일치된 경지라고 생각하셨다. "가슴이 후련하고 유유자적(胸次悠然)"하는 경지라고 할 수 있다. 아버지는 내면의 단련으로 정수(精髓)를 끌어냈기 때문에 그간의 숱한 비판에도 끝내 쓰러지지 않았고 (수많은 동료의) 희생 속에서도 살아남으셨다. 남다른 정신세계 덕분에 다른 늙은이들처럼 괴팍하지 않고 명철하셨다. 사람은 나이가 들면 보통 자신이 쓴 글도 이해하지 못하고 세상을 등진다. 눈빛에 총기가 사라지고 불안에 떠는 경우도 많지만 아버지는 시력과 청력을 거의 잃고도 한결같으셨다. 일이 없으면 시문(詩文)을 암송하셨는데, 특히 한원두(韓文杜, 1896~1945)의 시를 좋아하여 아침에 일어나 나직이 외시기도 했다. 가끔 생각이 나지 않는 구절이 있으면 내게 찾아달라고 부탁하셨다. 아버지의 머릿속은 자료실과 다를 바 없어서 학문을 탐구할 때도 메모나 기록에 의존하는 일이 거의 없으셨다.

4일(생신) 저녁 무렵, 친지들이 끝없이 오가는 중에 시난(西南)연합대 학교사(學校史) 편집을 맡은 선생님 한 분이 들렀다. 그 여선생

1988년, 펑 선생은 붓글씨를 쓰며 스스로 다짐했다. "옛일을 밝혀 새로운 사명을 돕고, 높고 밝음을 지극히 살펴 중용의 길을 걷는다[闡舊邦以輔新命, 極高明而道中庸]." 오른쪽의 글은 펑 선생이 학술활동의 방향을 밝힌 것이고 왼쪽 글은 펑 선생이 추구하는 정신세계이다.

은 시난연합대의 기념비 비문의 탁본을 들고 와서 아버지에게
몇 가지 문제를 여쭤보려고 했다. 우리는 탁본을 보고 적잖이 놀
랐다. 그 속의 글은 모두 아버지가 평생 좋아하던 것이었다. 학
생들은 아버지가 쓴 글을 칭송하고 있었다. 문장이 논점이 있고
감정과 기백이 살아 있으며, 어조가 분명하고 문장이 매끄럽다.
국가의 흥망성쇠와 민족의 운명을 서술한 현대 중국의 걸작이라
고도 말했다. 내가 1980년에 쿤밍에 갔을 때 옛 시난연합대 자리
에 있는 원이둬聞―多 선생의 의관총衣冠塚[죽은 자의 의복과 갓 등을 매장
한 무덤]과 기념비에 각각 쓴 시 한 수를 보았다. 그 중 한 수는 다
음과 같다.

햇빛 아래 저 밝고 맑은 문장 那陽光下極淸晳的文字

사라져가는 과거를 매어놓고 留住提煉了的過去

당신이 밝혀놓은 역사를 보네 雖然儞你能够證明歷史

이제 그 누가 당신을 밝혀줄까? 誰又來證明儞自己

1985년에 이르러 사람들은 더 이상 역사를 붙들고 있지 않았
다. 그런데 역사는 오히려 낱낱이 드러나고 있었다. 역사의 실상

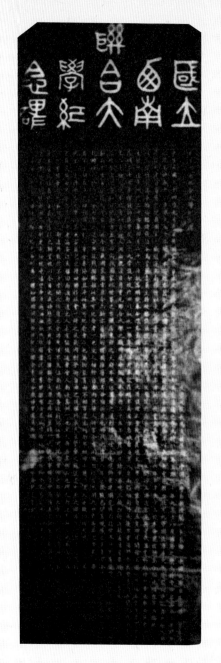

시난연합대 기념비 탁본과 비문

학술 저작 이외에도 펑 선생은 문학에도 뛰어난 소양이 있었다. 서정성을 잃지 않으면서 문학으로서 경전의 글귀를 보여주어 고전의 울타리를 자연스럽게 뛰어넘었다. 그가 쓴 시난연합대 기념비 비문은 고전의 글귀를 빌려왔지만 유려하고 함축적이면서도 정감이 넘친다. 비문의 초고를 문학과 역사를 전공한 전문가에게 보내 의견을 물었는데, 시난연합대의 수많은 교수 중에서 한 사람도 이의를 제기하지 않았다. 그래서 원고 그대로 비문에 싣는다.

|

런지위任繼愈

이 드러난 후 어떤 일은 더 이상 캐물을 필요가 없어진 것이다.

아버지의 축하연 자리에는 여러 인사가 초대받았다. 아버지의 지인들은 대부분 이미 80세를 넘긴 고령이었다. 나는 평시에도 가끔 덜렁대는 면이 있는데 이 날도 실수가 많아 곤혹스러웠다. 그러나 붉은 천에 금문으로 새긴 '수壽' 자 아래에 계신 정정한 아버지를 보자 기운이 났다. 아버지의 옆자리에 앉은 오빠는 열심히 음식을 가져다 아버지께 먹여드리고 있었다. 나는 사람들이 흥겨워하는 모습을 보자 마음이 풀렸다. 아버지도 들떠 계셨다. 가볍게 흔들리는 아버지의 흰 수염은 세상의 풍파를 넘어선 표상 같았다. 삶의 부조리와 오해가 모두 씻겨나가자 은빛으로 빛나는 광채가 눈부셨다.

"이 세상의 모든 부모님을 위해 건배합시다." 나는 잔을 들며 말했다.

평범한 부모나 위대한 부모나 집안에서는 모두 중요한 분이다. 부모님이 아흔까지 장수하셨으니 이 얼마나 기쁜 일인가!

시난연합대 캠퍼스

1980년 겨울, 철학과 소장 교수인 리중화李中華와 서재에서

마지막 제자인 박사과정의 장웨張躍와 함께

청년기의 펑유란

3 남쪽을 주유한 후 집으로 가야 하리

아버지에게 윈난雲南 성 멍쯔蒙自 시는 남다른 곳이다.

1938년 봄 베이징대, 칭화대, 난카이南開대는 잠시 머물던 형
산衡山 샹수湘水에서 쿤밍으로 옮기고 시난연합대를 세웠다. 쿤밍
에 학교 건물이 부족해서 4~8개월 동안 문과대학과 법과대학은
멍쯔에 있었다. 우리는 구이린桂林 가街 14호에 있는 왕웨이위王維
玉의 집에 머물렀다. 이 집은 안팎에 마당이 있고 위 아래층 구조
인 전형적인 윈난식 주택이었다. 위층에는 천명자와 자오밍루이
라는 젊은 부부가 살았고 우리는 아래층에 살림을 풀었다. 아버
지는 아래층 단칸방에서 『신이학新理學』 수정본을 완성한 후 작은
인쇄소에서 책을 찍어 내셨다.

『신이학』은 아버지가 낸 철학서의 토대가 되는 책이다. 난웨南

嶽[후난성 헝산 난웨진南岳鎭]에서 초고를 완성하셨다. 서문에서 "원고를 마치고 난웨에서 윈난으로 왔다. 멍쯔에 온 후, 「귀신」 한 장을 더 썼고 4장과 7장은 크게 수정했다. 나머지 장들도 약간씩 손을 보았다. 전쟁 중에 원고가 사라질까 걱정되어 정식으로 출판하기 전에 멍쯔에서 석인石印본으로 약간 인쇄해 지인들에게 보내는 바이다"라고 쓰셨다. 이 책이 최초의 『신이학』이다. 아버지는 책에서 "헝산에서 집필을 마치고 출간한 후, 호수를 바라보며 생각에 잠겼다. 비슷한 글자를 잘못 썼더라도 그대는 비웃지 말라. 지금 국난에 처해 있음을 알아야 한다"라고 시를 쓰셨다. 장남인 중랴오는 아버지가 글을 쓰실 때마다 원고 적는 일을 도왔다고 회고했는데, 「심성心性」 「의리義理」 「귀신」의 몇 장이었다. 당시 나는 철부지(10세)여서 소란을 피운다고 원고 근처에는 가지도 못했다.

『신이학』의 석인본은 현재 런민人民대학교 스쥔石峻 교수가 소장한 1부만 남은 것으로 알고 있다. 책은 얇고 누런 종이에 인쇄되었지만 글자는 또렷하다. 석유나 콩기름 등燈 아래에서 읽었을 것이다.

작고 귀여운 도시인 멍쯔, 문과대학은 멍쯔의 남쪽 호숫가에

"어릴 때 어머니의 영향으로 책을 가까이했다." 펑유란의 모친 우칭즈吳清
芝(1862~1944)

미국 유학 시절에 쓴 일기장. 일기의 한 구절에 "부모님, 아내와 떨어져 이국 만리에서 학문에 힘쓰고 있다. 더욱 정진하여 이 시기를 기필코 극복할 것이다"라는 다짐이 보인다.

1918년에 런짜이쿤任載坤 여사와 결혼했다. 여사가 베이징 여자사범학교에
재학하던 시절

베이핑(베이징)에서 공부할 때의 린자이쥔(왼쪽에서 두 번째)

있었는데 과거에 세관이 있던 곳이다. 푸쉐펑浦薛鳳은 "교정을 들어서면 송백나무가 늘어서 있고 칭화대학교 공자청工字廳의 분위기도 느낄 수 있다. 학생들은 쿤밍은 베이핑과 닮았고 멍쯔는 하이디엔저海淀者(얕은 바다가 있는 곳)라고 불렀다"고 말했다. 아버지는 연구실에 갈 때마다 나와 동생인 중웨鐘越를 데리고 가셨다. 우리는 공부를 하고(『삼자경三字經』을 배운 것 같다) 나면 교정에서 뛰어놀았다. 울창한 나무숲은 온갖 식물이 어우러진 곳이었다. 메마른 북쪽에서 자란 우리들은 녹음이 진 풍경 자체에 신기해했다. 장미가 만발한 길도 있었고 꽃이 가득한 교정에서 학생들이 하나같이 책을 보고 있었다. 울창한 녹음과 연못을 보고 있으면 전쟁 같은 것은 잊어버리고 상상의 나래가 펼쳐졌다. 나는 연못 속에서 갑자기 괴물이 튀어나올 것 같았다. 어린 상상력으로 그때 나는 연못에다 백룡 연못, 흑룡 연못, 황룡 연못이라고 이름을 붙여주기도 했다. ―지금 다시 찾아가도 그런 느낌이 들까?

남쪽 호수는 물도 많았다. 기슭에는 버들가지가 드리워지고 물 위에는 연꽃이 피어 참으로 아름다웠다. 가끔 부모님은 우리를 데리고 호숫가를 산책했다. 이때 아버지는 43세로 검은 수염을 반쯤 기르고(수염이 아직 많지 않아서 반이라고 말함) 장삼을 휘날리며 다니셨다. 아버지는 1938년에 후난湖南성에서 윈난으로 가다가 남쪽 관문에서 팔이 부러져서 이후로 수염을 기르시게 되었다. 아버지가 수염이 빨리 자라는 것을 자랑하시던 기억이 난다. 당시 원이둬 선생은 창사長沙에서 쿤밍까지 걸어서 횡단하는 대열에 합류했는데 이분도 수염을 기르셨다. 원 선생은 가족에게 쓴 편지에서 "이곳으로 온 사람들은 수염을 많이 길렀는데 나와 펑 선생이 가장 보기 좋다더라"고 하셨다고 한다.

당시 몇 분은 '기러기 아빠' 신세여서 어머니는 돌아가면서 토요일이면 손님을 불러 식사를 대접했다. 식단은 보통 자장면炸醬面이나 탄지단피攤鷄蛋皮, 차오완더우젠炒豌豆尖 같은 음식이었다. 쿤밍에 와서도 그만큼 맛있는 더우젠을 먹어본 적이 없을 정도였다. 한번은 아버지가 어머니에게 하시는 말씀을 들었는데, 주(주쯔칭朱自淸) 선생이 어머니의 자장면을 입에 침이 마르도록 칭찬했다고 한다. 너무 맛있어서 양 조절을 잘 못하면 배가 불러서 터질 지경이니 조심하라는 말이었다. 모두 한바탕 웃었다고 한다.

1918년 6월 베이징대학교 졸업 사진. 차이위안페이蔡元培 총장(앞줄 오른쪽에서 네 번째), 천두슈陳獨秀 문과대학장(앞줄 오른쪽에서 세 번째), 마쉬룬馬敍倫 교수(앞줄 오른쪽에서 다섯 번째). 두 번째 줄 왼쪽에서 네 번째가 펑유란

1920년에 뤄자룬羅家倫 등과 뉴욕에서 찍은 사진. 오른쪽에 서 있는 사람이 펑유란. 뒤쪽 왼쪽이 뤄자룬

1937년 9월, 칭화대학교 공자청工字廳 앞에서. 뒤쪽 오른쪽부터 부인 런짜이쿤, 펑유란, 모친 우칭즈, 동생 징란景蘭, 제수 퉁쉰소珝

루쉰魯迅은 1934년 12월 18일에 양지윈楊霽雲에게 보낸 편지에서 '자신은 펑유란처럼 성실히 본분만 지킨다(安分守己)'라고 말했다. 후스胡適도 펑유란을 두고 '중국의 어리석은 사람이 즈성芝生(펑유란)을 따라할까 겁난다'라고 했다. 루쉰은 혁명의 시각에서 펑유란을 지나치게 조심스러운 인물로 보았고, 후스는 정치적 시각에서 볼 때 매우 어리석다고 평가했다. 그러나 펑유란이 정치적으로 청렴한 것과 학자로서의 모습은 간파하지 못했다.

|

단춘單純

당시 새로운 윈난(성) 화폐와 중앙정부의 법정 통화(법폐)는 교환 비율이 10대 1이었다. 구윈난성 화폐와 신윈난성 화폐 가치도 10대 1이지만 함께 유통되었다. 법정 통화로 1자오角를 주면 계란 100개는 살 수 있어서 월급을 법폐로 받는 사람은 돈 걱정이 없었다. 8년간의 어려운 항전抗戰(중일전쟁) 시기에 멍쯔에서 살던 짧은 몇 개월은 차가운 물줄기 속에서 만난 난류처럼 느껴졌다. 지금 생각해도 소도시인 멍쯔에서의 삶은 봄날의 교향곡처럼 평화로웠다.

당시의 삶이 그런대로 평화로웠지만 전쟁을 잊지는 않았다. 항전 정신은 중국 민족의 강인한 의지였다. 1938년 7월 7일, 학생과 인민들이 구舊세관 부지에서 항전 기념집회를 개최했다. 이때 아버지가 연설을 했는데, 지난 1년간의 항전 성과에 의의를 부여하고 지구전을 계속하면 희망이 있다고 말씀하셨다. 아버지는 중국 인민은 어떤 난관도 뚫고 최후의 승자가 될 것으로 확신하셨다. 우리는 전쟁에서 승리하고 역사에서 위대한 진보를 이뤄낼 것이라고 확신하셨다.

원이둬聞一多 선생이 펑유란을 위해 새긴 인장

聞一多教授金石潤例

秦鈢漢印攻金切玉之流長殷契周銘古文奇字之源
遠是非博雅君子難率爾以操觚儻有稽古宏才偶
黙畫而成趣
浠水聞一多教授文壇先進經學名家辨文字於毫
芒幾人知己諜風雅之原始海內推崇斵輪老手積習
未除佔畢餘閒游心佳凍惟是溫磨古澤僅激賞於
知交何當琬琰名章共摧揚於藝苑黃濟叔之長髯
飄灑今見其人程瑤田之鐵筆恬愉世尊其學爰綴
短言為引公定薄潤於后

梅貽琦　馮友蘭　朱自清　潘光旦
蔣夢麟　楊振聲　羅常培　陳雪屏　同啟
熊慶來　姜寅清　唐蘭　沈從文

항전抗戰(중일전쟁) 시기에 시난연합대 교수들의 삶은 상당히 고달팠다. 강단에 서는 것 외에 생계를 이어갈 만한 일을 병행해야 했다. 사진은 원이둬 선생이 도장 파는 일을 하고 있을 때 교수들이 연명으로 작성한 요금표

전쟁의 포화 속에서 학생들도 동요했다. 어떤 학생은 혁명의 정신으로 전선에 뛰어들었다. 또 어떤 학생은 진리를 추구하기 위해 옌안延安[산시성陝西省 북부 황토고원에 있는 역사 도시]으로 달려갔다. 아버지는 이런 상황에서도 일관된 태도를 보여주셨다. 1937년, 항전 이전에 칭화대에서 『좌전左傳』의 한 구절을 인용하셨다. "남은 사람이 없으면 누가 사직을 지킬 것인가? 행동하는 사람이 없으면 누가 마구간을 지킬 것인가[不有居者, 雖守社稷 不有行者, 雖埤牧圉]?" 아무도 남지 않으면 누가 집을 지킬 것인가? 나서는 사람이 없다면 누가 가축을 돌보는 사람을 지켜줄 것인가? 아버지가 보기에 전선에 뛰어드는 것과 학문에 전념하는 것은 모두 신성한 것이었다. 다만 어떻게 하는가가 중요했다.

칭화대 제10회 졸업생이 멍쯔에서 나왔다. 아버지는 졸업생에게 이렇게 말씀하셨다.

'하늘이 사람에게 큰일을 맡기려고 할 때는 먼저 사람을 힘들게 하고, 뼈마디가 으스러지는 고난을 겪게 하며 굶주리게 하고 빈궁에 빠뜨리려고 하며, 하는 일마다 어지럽게 한다. 이렇게 하는 것은 사람의 마음을 다잡아 인내심을 길러주어 지금까지 할 수 없었던 일도 능히 이뤄낼 수 있게 하는 것이다天將降大任於斯人也, 必先勞其心志, 苦其筋骨, 餓其體膚, 窮乏其身, 行拂亂其所爲, 所以動心忍性, 增益其所不能' 맹자孟子의 말로 10회 졸업사를 시작하는 것은, 여러분은 베이핑에서 창사와 형산까지, 형산에서 쿤밍 멍쯔까지 오는 동안 온갖 고난을 겪었습니다. 자신의 한계를 느껴보셨을 겁니다. 이제 여러분은 한계를 극복했고 무엇이든지 할 수 있습니다.

1988년은 제10회 졸업생이 졸업한 지 50년이 되는 해이다. 이때 기념서를 출간하기로 했는데 왕야오王瑤(제10회 졸업생) 교수가 아버지에게 격려사를 요청했다. 아버지는 시로 화답하셨다. "이미 강산을 다 돌았고, 남쪽을 주유한 후 집으로 가야 하리. 책을 엮으며 뒤를 돌아보니, 오십 년 세월이 모래처럼 흩어지네!"

이제 또 십수 년이 흘렀고 아버지가 돌아가신 지도 10년이 지났다. 세월의 강은 쉼 없이 흐르지만 한 철학자가 남긴 자취는 점점 또렷해지기만 한다.

1936년 2월 29일, 허베이성 감찰위원회가 군인과 경찰을 보내 칭화대학교를 포위하고 수색했다. 이날 밤 황청黃誠, 야오이린姚依林 두 학생이 펑 선생 집에 숨어 있었다. 황청은 이곳에서 시를 한 수 지었는데 나중에 인구에 회자했다. 그러나 펑 선생이 학생 대표 두 명을 숨겨준 일은 알려지지 않았다. 펑 선생도 오랫동안 아무에게도 말하지 않았다.

|

웨이쥔이韋君宜

독서

1943년의 방학 기간 중 청두成都 화시華西대학교에서 강연할 당시에 학생, 교수들과의 기념 촬영. 앞줄 왼쪽에서 네 번째가 펑유란, 오른쪽에서 세 번째가 주쯔칭

1937년 (중일)전쟁이 발발하자 베이징대, 칭화대, 난카이南開대가 합쳐 시난 연합대학교를 세우고 남하하여 베트남을 경유, 쿤밍으로 들어왔다. 위는 여 귄 사진에 나온 펑유란과 런짜이쿤 부부

4 아버지와 딸, 미국에 가다

1982년 9월 10일, 미국 컬럼비아대학교에서 아버지에게 명예박사 학위를 수여한다고 해서 여든일곱 살에 미국에 가셨다. 이때 나도 아버지를 모시고 갔다.

가족들 생각에 외국에 꼭 가야 할 이면의 이유가 있었는데, 아버지는 정치적인 문제를 한번은 해결하기 위해 지팡이를 짚고 겨우 설 수 있는 몸으로 바다를 건너셨다. 결과적으로 살아서 가서 살아서 돌아오실 수 있었다. 그러자 정치적인 소용돌이에서 한시름 덜었을 뿐만 아니라 명예박사 학위도 받았다.

9월 9일에 우리는 차를 몰고 피츠버그에서 뉴욕으로 갔다. 뉴욕 근처에 도착하자 날이 어두워져 가로등이 하나둘 켜졌다. 컬럼비아대학교 정문에 도착했을 때는 이미 컴컴한 밤이 되었다. 고층의 숙소에서 내려다보니 등불이 어른대는 바다가 눈에 천천히 들어왔다. 고요하게 밤빛을 반사하는 대양, 화려하게 교차하는 오색의 불빛이 환상적이었다.

10일 오전에 기자회견이 있었는데 대부분 미국에 온 아버지의 심경을 물어봤다. 그중 한 기자는 오빠의 빈저우賓州대학교 동창이었다. 모두 세상이 참 좁다며 한바탕 웃었다. 내빈 가운데 칭화대 노학장인 황중푸黄中孚 선생도 왔는데 다리미가 필요하지 않은지 물으며 자신이 '예복'을 다려주겠다고 우스갯소리를 했다. 다음으로 필라델피아에 거주하는 친구들이 손을 잡고 구두 네 켤레를 들고 와서는 마음에 드는 것을 고르라고 해 나를 감동시켰다. 내 신발이 낡았다는 이야기를 듣고 사온 것이라고 말했다. 세상은 참 좁고 정이 넘치는 곳이었다. 우리는 오랜만에 활짝 웃을 수 있었다.

오후 4시 컬럼비아대학교 원형 대강당에서 총장이 주재하는 명예박사 학위 수여식이 성대하게 열렸다. 단상에는 비로드 망토를 걸친 학위 수여 대상자들이 앉아 있었다. 엄숙하면서도 흥분되는 시간이었다. 총장은 "명예와 한가함은 공존할 수 없다"고 웃으며 말했다.

1982년 9월 10일 오후 4시 30분, 컬럼비아대학교 로메모리얼Low Memorial 도서관 원형 대강당에서 이 대학 총장이 수여하는 명예 문학박사 학위 수여 식이 거행되었다. 딸 종푸 등의 부축을 받고 강당에 들어서는 펑유란

먼저 컬럼비아대학교 철학과 교수인 드 배리William Theodore de Bary 선생의 개식사와 함께 학위 수여식이 시작되었다. 드 배리 교수는 이전에 홍콩 중원中文대학교 신아시아연구소에서 자신을 두고 '보잘것없는 학생'이라고 소개한 적이 있는데, 금발에 푸른 눈을 한 '학생'이라니 흥미로웠다. 그는 이날 이런 말을 했다.

"나는 펑 교수님에 대한 근래의 근거 없는 비판에 동의할 수 없고 이해할 수도 없습니다. 그렇다고 펑 선생을 필요 이상으로 평가하지도 않겠습니다. 나는 펑 선생이 자신이 겪은 고난과 첨예한 갈등을 알고 있다고 생각합니다. 그러나 그는 참고 있으며 실망하지 않고 언제나 미래를 위해 노력하고 있습니다. 언젠가 중국과 서구에서 크게 이해해주리라고 믿습니다. 그야말로 중국의 진정한 아들입니다. 또 컬럼비아대학교의 소중한 친구입니다. 그가 연구하고 이룬 성과는 두 나라를 가깝게 해주었습니다."

그리고 총장의 축사, 학위서 수여, 박사모 증정이 이어졌다. 다음에 아버지의 답사가 있었다. 아버지는 자신의 60년 철학 여정을 간략히 이야기하면서 '주나라가 비록 옛 나라이나 (문왕이 펑 선생의 글은 현대 중국철학사에서 가장 해박하며 깊이가 있다. 이 분의 저서는 분명히 전 세계에 오랫동안 영향을 끼칠 것이다. 펑 선생의 저서는 일반적인 연구 방법을 사용하고 참고자료 역시 역대 여느 저서와도 큰 차이가 없다. 그러나 수많은 한학자와 서구의 중국학자들이 그의 저서를 세기의 책이라고 보는 데 이의가 없다.

|

[영국] 조지프 니덤Joseph Needham

컬럼비아대학교를 다시 방문했을 때의 모습. 시를 지어 드 배리 교수에게 증정했다.

덕을 새롭게 해) 그 천명이 새롭다[周雖舊邦, 其命維新]'라는 시 구절을 인용하셨다. 자신의 노력은 옛 나라와 동일성을 계속 이어간다는 뜻이고 그러면서 새로운 사명(즉 현대화)을 실천하겠다는 의지를 보여주는 글이다. '구방신명舊邦新命'은 아버지가 시난연합대 기념비문에 이미 쓰신 적이 있다.

"우리나라는 유구한 역사를 자랑하는 문명국가로서 동아시아의 천혜의 자리에 있습니다. 한당漢唐 시대의 영광을 잇고 세계를 이끌 것입니다. 중국이 바로 서면 세계 역사에서 반드시 독특한 지위를 차지할 것입니다. 열강과 어깨를 나란히 하여 새로우며 뒤처지지 않을 것입니다. 그리스와 로마는 과거는 있지만 현재가 없어요. 중국만이 과거와 현재가 이어지고 옛것과 새것이 조화를 이루고 있습니다. 이것이 바로 '주나라가 비록 옛 나라이나 그 천명이 새롭다'는 것이지요."

1946년에 세워진 비문에도 이 구절이 새겨져 있다. 이처럼 아버지는 한 점 거짓 없이 뼛속 깊이 조국을 사랑하셨다.

CVRATORES VNIVERSITATIS COLVMBIAE

IN VRBE NOVO EBORACO SITAE

OMNIBVS ET SINGVLIS QVORVM INTEREST SALVTEM HIS LITTERIS
TESTAMVR NOS VNANIMI CONSENSV

FUNG YU-LAN

AD GRADVM

CTORIS IN LITTERIS

HONORIS CAVSA PROVEXISSE EIQVE OMNIA IVRA ET PRIVILEGIA
QVAE AD ISTVM GRADVM ATTINENT DEDISSE ET CONCESSISSE
IN CVIVS REI PLENIVS TESTIMONIVM SIGILLO HVIVS VNIVERSITATIS ET
PRAESIDIS CHIROGRAPHO DIPLOMA HOCCE MVNIENDVM CVRAVIMVS
DATVM NOVI EBORACI DIE DECIMO MENSIS SEPTEMBRIS ANNOQVE
DOMINI MILLESIMO NONGENTESIMO OCTOGESIMO SECVNDO

PRAESES

미국 컬럼비아대에서 펑유란 선생에게 수여한 명예박사 학위 마지막으로, 한 사람만이 사회 전체를 알고 훨씬 더 큰 범위인 우주의 섭리를 이해하고 있을 것입니다. 그는 사회의 일원이면서 우주의 일부입니다. …… 이런 이해 안에서 우주의 섭리를 실현하기 위해 많은 일을 했습니다. 그는 자신의 본분을 알고 있고 한 일의 의미와 해야 할 일을 분명히 알고 있습니다. 이런 자각이 그를 최상의 경지로 끌어올렸습니다. 그가 다다른 경지는 바로 제가 말하는 천지天地의 경지입니다.

|

펑유란, 『신원인』

의식이 끝난 후 다과회가 이어졌다. 아버지는 휠체어에 앉아 축하하러 온 여러 내빈과 악수했다. 저녁에는 연회가 열렸는데 여기서 아버지 친구 분들의 말씀을 들을 수 있었다. 아버지의 『중국철학사』 2권을 영역한 보드Derk Bodde 씨는 아버지를 뵙고 감격하였다. 여러 차례 중국을 오가고, 1978년에 마지막으로 중국을 방문했는데 그해 두 번씩이나 베이징대를 찾았지만 아버지를 만나지 못했다고 말했다. 관련 기관에 서면으로 요청하기까지 했지만 기회가 닿지 않았는데 이번에 미국에서 얼굴을 보게 된 것이다. 태평양을 건너 저자와 역자가 만난 것은 감동 그 자체였다. 보드 씨는 아버지를 존경하면서도 아버지의 저서에 대한 자신의 생각을 솔직히 털어놓았다. 의견 차이가 있었지만 우정은 흔들리지 않았다.

오후에 열린 수여식 답사에서 아버지는 자신의 사상에 대해 말씀하셨다. 통일 국가가 세워지고 강력한 정부가 수립되면 새롭고 광범위한 철학 사상이 출현하는데 이 사상은 나라의 기틀이 된다는 요지였다. 중국은 현재 새로운 문명을 받아들였기 때문에 지침이 되는 철학 사상이 필요하다고 하셨다.

컬럼비아대 동아시아East Asian도서관 앞. 이 대학의 종신교수인 드 배리와 함께

『중국철학사』 영어 번역본

1982년, 미국에서 두 권으로 된 『중국철학사』 영어 번역본 역자인 보드 씨와
다시 만남

보드 씨는 이런 견해를 피력했다.

"펑 선생은 국가가 수립하면 필연적으로 새롭고 통일된 철학을 요
구하고, 오늘날에도 같은 이치가 적용된다고 하셨어요. 이 말은
어느 시대나 국가든지 사람들이 대부분 특히 가혹한 정치나 긴장
된 사회를 경험하고 나면 하나의 공통된 가치를 찾고자 한다는 말
씀이지요. 바로 어떻게 세상을 바라보고 사람답게 행동해야 하는
지를 알려주는 가치 말입니다. 이런 공통의 가치는 사회에 목적성
을 부여하고 심리적인 안정을 제공하지요. 그러나 이것은 위험합
니다. 특히 정부 주도로 나설 경우 교조주의로 흐르거나 맹목적인
추구로 변질되어 개인의 자유로운 사고를 가로막습니다. 그러므
로 다양한 사고와 가치를 추구하는 것이 혼란을 가져오더라도 통
일되고 체계적인 사상보다 나은 것이지요. 선진先秦시대의 백가쟁
명百家爭鳴이나 한漢 이후의 불교와 도교의 논쟁이 그 후에 정부가
지지해준 정통 유가 사상보다 이성의 진보를 가져왔습니다."

아버지는 나중에 이런 말씀을 하셨다. 당시에는 깊이 있는 대
화를 나눌 시간이 없었는데 보드 선생이 말한 '정통이 필요하지

우리(펑 선생과 웨진린岳金霖)는 서로 원고를 봐주고 영향을 주고받았다. 그(웨진린)는 내게 논리적인 면에서 영향을 주었고 나는 그에게 '고대의 서정성'을 일깨워주었다. …… 그는, '우리 둘은 각각 장단점이 있는데 자신은 간단한 일을 복잡하게 만드는 장점이 있고, 나는 본래 복잡한 일도 간단하게 말하는 데 장점이 있다'고 했다.

|

펑유란 『삼송당자서三松堂自序』

1930년대, 친구들과의 나들이. 서 있는 사람 왼쪽부터 평유란, 메이이치梅貽琦의 부인, 런짜이쿤, 판광단潘光旦의 부인, 구위슈顧毓琇, 메이이치, 판광단

않다'는 것 자체가 정통이라고 하셨다. 그래서 한 시대는 대다수 사람이 공유할 수 있는 공통된 사상이 필요하다고 말씀하셨다. 나는 더 이상의 철학 논쟁은 막았지만 이런 생각이 들었다. 어느 시대에나 다수가 공유하는 공통의 사상이 있다면 강제로 정할 것이 아니라 자연스럽게 형성되도록 해야 하고, 그러기 위해 사상의 자유가 필요하다. 수천 년을 이어온 봉건사회를 살면서 중국인은 통일에 익숙하지만 이제 다양성과 다름에 익숙해져야 할 때이다.

저녁 연회에서는 천룽제陳榮捷 컬럼비아대 교수와 두웨이밍杜維明 하버드대 교수의 발언이 있었다. 천 선생은 아버지의 업적에 대해 이런 말을 했다. 근래에 중국인이 중국 문화와 전통을 부정하고 '전면적인 서구화全盤西化'를 외치고 있을 때 아버지가 철학사를 쓰셨다. 아버지의 철학사는 중국의 지식 세계에서 서구화에 내몰린 중국 전통을 되찾게 하고 중국철학의 높은 가치를 회복시켜주었다.

그때 아버지는 에피소드를 하나 이야기했다. 샌프란시스코 공항에서 한 노인을 만났는데, 그분은 우리에게 '펑 선생은 아직

삼송당 정원에서 타이완 학자이자 신주칭화新竹淸華대학교 교수인 훙퉁洪
同을 접견. 딸인 쫑푸가 모시고 있다.

펑 선생이 자신의 사상을 '흥미 있게' 구술하시면 나는 맞은편에 앉아 조용히 '바라보았다.' 그저 '보고 있었다'는 뜻이 아니라 가만히 그 내용을 음미한 것이다. 그의 말과 모습에서 '중국 특유'의 철학자의 사고 형태를 이해할 수 있었다. 위대한 철학자의 사상과 함께 세계, 우주를 바라보는 태도를 모두 느끼는 시간이었다.

|

천라이陳來

살아 계십니까?' 라며 중국 소식을 물어왔다. 아버지가 자신이 그 펑 선생이라고 밝히자 한바탕 웃은 적이 있다. 게다가 그분은 아버지보다 한 해 빠른 컬럼비아대학교 동창이었다. 그때 그분은 모두 아버지를 염려하고 응원하고 있다고 말했다.

만찬도 끝이 났다. 아버지는 다시금 대학 측에 감사를 표하셨다. 미국에서 받은 지지와 따뜻한 사랑을 내내 잊지 못할 것이다.

방으로 들어와 다시 창가에 섰다. 불빛을 반사해 빛나는 바다의 모습은 여전히 아름다웠다. 그 순간 수면 위로 따뜻하게 미소 짓는 얼굴들이 떠오르기 시작했다. 수여식장에서, 초대회에서 그리고 연회석상에서 만났던 미소들이었다. 두 달여 동안 만났던 오랜 친구와 새로운 친구들의 애정 어린 눈빛이 저 멀리 등불보다 밝게 내 마음을 비추고 있었다. 빛나는 바다가 일렁였다. 어제와 오늘, 여러 날 밤을 보내면서 인생의 몇 페이지를 넘겼다.

인생에서 철학과 과학은 각기 쓰임이 있다. …… 과학은 인생의 한 부분에 필요하지만 철학은 인생 전체에 쓰임이 있다. 과학은 사람의 일을 다룬다고 보기 어렵지만 철학은 사람을 이야기한다. …… 철학은 인생과 우주에 대한 이성적인 성찰을 담을 수 있다. 그리고 사람을 움직이고 우주와 인생에 대해서도 만족감을 줄 수 있다.

|

펑유란『신이학』

1988년 7월, 타이완대학교 친구잉陳鼓應 교수와 서재에서

1960년대 서재에서

5 내 일을 아직 마치지 못했구나

아버지는 돌아가시기 몇 해 전부터 하루가 다르게 쇠약해졌다. 나는 아버지와 영원히 이별할 날이 멀지 않았음을 직감했다. 누구도 피할 수 없는 사실이라는 것은 알고 있지만 그렇다고 그 현실을 받아들일 준비가 된 것은 아니었다. 언제나 두렵고 무서웠다. 병실에서나 휠체어에 앉아 목이 끊어질 듯 기침을 하시는 모습을 볼 때마다 가슴이 찢어지는 듯했다. 할 수만 있다면 내가 대신 아프고 싶었다. 새벽이나 저녁에 갑작스레 전화벨이 울리면 나는 두려움에 온 몸이 떨려왔다. 삶의 마침표는 누구에게나 있기 마련인데도 아버지에게는 그날이 오지 않기를 바랐다.

1989년 9월, 하얀 옥잠화가 정원 가득히 피어 눈꽃처럼 예뻤다. 나는 볕이 잘 드는 풀밭에 벽돌 길을 깔아 휠체어가 다니도록 구상한 적이 있다. 아버지를 모시고 올라가 여러 나무 사이로 밝은 빛을 느끼도록 해드리고 싶었다. 하지만 갈수록 아버지 몸이 너무 안 좋으셔서 내가 병원을 오가며 약을 타느라 시간이 없었다. 벽돌은 깔지도 못했는데 9월 말에 아버지가 병원에 입원하셨다. 나는 여전히 아버지 수발을 들며 볕이 좋은 풀밭을 내다보기도 했다. 하루라도 빨리 아버지를 모시고 저곳에 앉아 따뜻한 가을 햇살을 즐기고 싶었다.

돌아가시기 몇 해 전부터 아버지는 병원에 자주 입원하셨다. 1989년 하반기에 접어들자 더 자주 입원하셨다. 11월 11일 자정 무렵 아버지에게 극심한 심장 통증이 갑자기 몰려왔다. 그때 사위인 차이중더蔡仲德와 두 젊은이의 도움을 받아 응급차에 겨우 오를 수 있었다. 들것에 누워 계신 아버지 곁에 앉아 맥박이 뛰는지 보고 또 보았다. 깊은 밤에 날카로운 사이렌 소리를 뒤로하고 병원에 도착했다. 다행히 병원에서 늘 침착하게 알맞은 조치를 해주어 아버지는 이때도 고비를 넘길 수 있었다. 아버지가 기력을 회복하시자 나는 한시름 놓을 수 있었다. 수액을 살펴보고 이불을 잘 덮어드린 후 병실을 나오려고 할 때였다. "우리 샤오뉘小女(막내딸), 고생이 많구나." '샤오뉘', 몇 년 동안 들어보지 못한 어릴 적 내 이름에 나는 잠시 멈춰 섰다. "전 괜찮아요, 아버지."

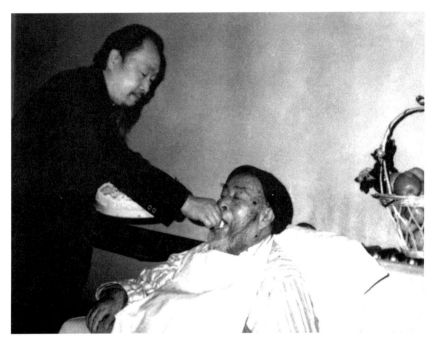

병원에서 생신을 맞으셨다. 사위(저자의 남편)인 차이중더가 생일 케이크를
먹여드리는 모습

나는 또 눈물이 나오려는 것을 간신히 참으며 대답했다. 아버지가 멀리 떠나실지 모른다는 불안과 두려움에 비하면 몸이 힘든 것은 정말 아무것도 아니었다.

며칠 후 아버지는 우리의 걱정과 수고를 저버리지 않고 이전처럼 회복하여 집에 돌아오실 수 있었다. 우리들은 환하게 웃으며 농담까지 했다. "또 한 번 아슬아슬하게 산을 넘었어요." 12월 초에 아버지는 집에서 아흔네 번째 생신을 맞이하셨다. 생전에 마지막이 된 생신이었다. 이날 중국민주동맹(민맹중앙民盟中央)에서 딩스쑨丁石孫 선생을 포함해 몇 분이 오셨다. 아버지는 흡족해 하시며 문학과 예술을 주제로 이야기를 나누셨다. 또 이런 이야기를 책으로 묶으면 '여생의 기록(餘生札記)'이라고 제목을 붙이자고도 하셨다.

이때는 이런 기록을 남길 시간이 그토록 부족할 줄은 아무도 몰랐다. 중국문화서원中國文化書院[권위 있는 민간 학술연구단체]에서 아버지의 95번째 생신을 기념하는 '펑유란 철학사상 국제 심포지엄'을 준비하고 있었지만 아버지는 그 심포지엄에 참석하실 수 없었다. 그래도 그 정성만은 알고 떠나셨다.

1990년 초에 아버지는 안질이 도져서 다시 입원하셨다. 아버지는 좋아하는 시를 늘 암송하신다. 그때도 침상에 누워 『고시십구수古詩十九首』를 반복적으로 읊고 계셨다. 가끔 생각나지 않는 글자가 있으면 내게 찾아달라고 부탁까지 하셨다.

푸르디푸른 언덕 위 측백나무 靑靑陵上柏

겹겹이 쌓인 냇가의 돌은 영원하지만 磊磊澗中石

천지 사이에 태어난 사람은 人生天地間

홀연히 먼 길을 떠나는 나그네 같네 忽如遠行客

거침없이 긴 시간은 흘러가고 浩浩陰陽移

사람의 목숨은 아침 이슬과 같구나 年命如朝露

인생은 덧없는 더부살이 人生忽如寄

그 목숨이 쇠나 돌처럼 견고하지 못하네 壽無金石固

『고시십구수』의 시구가 아버지에게 위안을 준 것 같다. 한번은 의사가 왕진을 마치고 돌아간 뒤 내게 이런 말을 하셨다.

"장자는 삶이란 살에 덧나는 사마귀와 같은 군더더기[生爲附贅懸疣]로 여겼고, 죽음은 곪은 곳이 터진 것[死爲決疣潰癰]이라고 했다. 공자는 아침에 도道를 들으면 저녁에 죽어도 여한이 없다고 말했다. 장재張載는 '살아 있는 동안 (하늘과 땅을) 섬기고, 죽으면 편히 쉴 것이다[存, 吾順事, 歿, 吾寧也]'라고 했다. 샤오뉘야, 내 일을 아직 마치지 못했구나. 그러니 병을 고쳐다오. 책을 다 쓰고 나면 병이 나도 치료하지 말거라."

나는 이 말을 듣고 울컥했다. "그런 말이 어디 있어요? 책이 완성되면 병을 치료하지 말라니요!" 나는 화가 나서 소리쳤지만 아버지는 말없이 미소만 짓고 계셨다. 나는 그 모습을 보고 있기가 힘들어 병실을 뛰쳐나왔다. 가슴 깊은 곳에서부터 눈물이 차오르더니 쉼 없이 흘러내렸다. 차에 타고 나서도 주체할 수 없을 만큼 눈물이 쏟아졌다. 인간으로서 감당할 수 없는 외로움이 나를 끝없이 내몰고 있었다. 그 순간 나는 엄습하는 예감을 억지로 떨쳐내려 애썼다. 정말 아버지와 이별을 준비해야 할 순간이 다가오고 있다는 것을.

펑유란 선생은 고시古詩 암송을 즐기신 뒤로 딸 종푸에게도 「장한가長恨歌」나 「비파행琵琶行」 같은 고시를 암송하게 했다. 초등학생 시절부터 종푸는 매일 아침 등교하기 전에 부모님 앞에서 시를 암송해야 했다. 다른 형제들도 마찬가지로 시를 암송하고 학교에 갔는데, 펑유란 집안의 독특한 아침 풍경이었다.

|

양창춘楊長春

1989년, 베이징대 차이위안페이의 동상 앞에서

요즘은 젊은이들조차 스스로 중국의 전통문화에 대한 소양이 부족하고 작문 실력도 부족하다고 느낀다. 이런 상황을 개선하기 위해 어떻게 해야 할까? 나는 누군가 이런 질문을 해올 때마다 펑유란의 『중국철학사』를 읽어볼 것을 권한다. 이유는 아주 간단하다. 선생의 책을 읽으면 최단 시간 안에 해박한 중국 문화를 흡수할 수 있고, 언어의 예술을 느껴볼 수 있기 때문이다. 펑유란 선생은 백화白話(구어체)로 철학을 쉽게 풀어 쓰는 최고의 경지를 보여준다. 펑 선생의 책이 쉽게 읽힌다는 사실은 학자들의 공론이다. 따라서 펑 선생의 책을 읽으면 중국철학의 개요와 정수를 이해할 수 있을 뿐만 아니라 문장 기법도 배울 수 있다. 펑 선생의 철학적 깊이, 세밀한 고증, 정확한 분석을 따라가거나 견줄 만한 인물이 현재는 없다. 또 펑 선생의 글만큼 후대를 위해 광범위하게 이끌어주는 글도 없다.

|

리선즈李愼之

1989년 5월 4일, 베이징대에서 열린 시난연합대 기념비 건립식. 펑유란 선생
은 휠체어를 타고 기념식에 참석했다.

그 당시 우리는 아버지가 『중국철학사신편』을 빨리 완성하여 피로를 덜기를 바라면서도, 책을 다 쓰시게 될까봐 걱정하는 모순된 감정이 교차했다. 1990년에 아버지는 병원에서 힘겹게 치료를 받는 동안 『중국철학사신편』을 완성하셨다. 친지들은 아버지에게 아직 쓰실 책이 남았다고 일깨워드렸다. 『여생의 기록』을 책으로 내야 하니 더 버티셔야 한다는 말이었다. 문학적인 감성뿐만 아니라 아버지는 살아 계시는 한, 늘 새로운 생각과 철학 사상을 책으로 써내실 분이었다. 그러나 아버지는 더 이상 버티지 못했다.

사람들이 내게 아버지의 유언을 물어오기도 한다. 마지막 순간에 아버지는 이역만리에서 살고 있는 아들 중랴오와 하나뿐인 손자인 펑다이馮岱를 보고 싶어하셨다. 마지막 숨을 몰아쉬면서 하신 말 중 철학에 관한 것은 이것뿐이다. "중국의 철학은 반드시 찬란하게 빛날 것이다." 아버지는 이처럼 조국을 사랑하고 철학을 사랑하셨다. 나는 아버지의 말씀을 크게 써서 걸어놓고 싶었다.

1990년 7월 16일, 런민人民출판사에 『중국철학사신편』 7권 원고를 넘겼다. 그날 출판사 계단을 걸어 올라갈 때의 가벼운 기분

철학사를 둘러보면 철학을 기술記述하는 방법이 다양하다. 어떤 경우는 교조적인 의미만 되풀이하고, 어떤 경우는 철학자가 살던 시대와 정치사회만 논한다. 또 어떤 경우는 철학자의 성격을 중요하게 여긴다. 이처럼 '다양한 형태'를 일관되게 정리하는 일은 무의미할 것이다. 나는 옛것을 지니면서도 새로운 사명을 부여받은 시대에 태어났다. 시대는 철학자의 사상 발전, 변화에 막대한 영향을 미친다. 나는 몸소 이 사실을 체험하고 있는 산증인이다. 따라서 『신편』에서는 철학자의 사상과 함께 그가 살아온 정치사회 환경을 설명하였다. 이 같은 서술 방법은 글을 산만하게 할 수도 있지만 잘만 하면 중국 문화를 함께 향유하게 만들 것이다. 『신편』에서는 철학사를 중심으로 중국의 문화와 역사를 아우르고자 한다. 나의 시도가 독자에게 전달되기를 바란다.

|

『중국철학사신편』 머리말

1948년 1월, 펑유란은 외국 대학의 파격적인 조건을 포기하고 귀국했다. 하와이에서 지낼 당시의 펑유란

을 잊을 수 없다. 내가 드디어 일을 끝냈다는 홀가분함을 느낄 정도였으니 아버지는 얼마나 기쁘셨을까. 마지막 한 글자까지 아버지는 다른 사람의 도움 없이 직접 마무리했기 때문에 오랜 작업 끝에 극심한 피로를 느끼셨다. 애쓴 책을 탈고하고 에너지를 완전히 소진한 나머지 결국 세 번째 폐렴을 이기지 못하셨다. 너무 지쳤기에 휴식이 필요하셨나 보다.

"살아 있는 동안 (하늘과 땅을) 섬기고, 죽으면 편히 쉴 것이다." 아버지가 음미하시던 장재가 쓴 『서명西銘』의 마지막 구절이다. 살아서는 자신의 위치에서 성심을 다하고 죽어서는 영원한 안식을 얻는다. 아버지는 시 구절처럼 삶과 죽음에서 이 모든 것을 이루고 가셨다.

아버지가 칭화대학교 교수로 재직할 때 조교로 있던 88세의 리롄李濂 선생이 편지를 보내왔다.

"11월 14일 밤 꿈에 은사님이 책상에 앉아 글을 쓰시는데 마지막 페이지를 넘기고 나니 홀연히 등불이 꺼졌어요. 깜깜한 어둠 속에서 은사와 사모師母께서 두런두런 말씀을 나누더이다."

우연인지 몰라도 편지를 받아보시던 날 오후에 아버지의 병세가 급격히 악화되었다. 병상에서 간호를 하고 있던 밤에 내게 겨우 겨우 몇 마디만 하실 정도였다. "종푸야. 너냐?" "아버지, 저 여기 있어요. 바로 옆에 있어요." 나는 큰 소리로 곁에 있다고 알리고 몸을 어루만져드렸다. 아버지도 내 손길을 느끼고 안심하시는 듯했다. 아버지가 편안해 하는 모습을 보고 나는 이번에도 무사히 넘기시는구나라고 생각하며 안도의 숨을 내쉬었다.

그런데 11월 25일 오전이 되자 아버지는 상태가 더 악화되었다. 간간이 신음 소리만 낼 뿐 더 이상 말을 잇지 못하셨다. 그래도 아버지가 무엇을 말씀하시려는지 알 수 있었다. 62년간 나는 늘 아버지의 가르침과 함께했다. 아버지의 한마디 한마디는 금과옥조였고 내 삶의 등불이 되었다. 제자들도 아버지의 가르침대로 따르고 실천했으며, 아버지의 책은 전 세계에 영향을 끼쳤다. 아버지는 이처럼 만인의 사랑과 존경을 받은 분이다.

아버지는 1895년 12월 4일에 세상에 와서 1990년 11월 26일 오후 8시 45분에 세상을 떠나셨다. 1990년 12월 4일에 화장식이 있었다.

1951년, 인도 델리대학교 박사학위 수여식. 프라사드Prasad 인도 대통령 겸
델리대학교 총장이 펑유란 선생에게 명예 문학박사 학위를 수여하고 있다.

쓸쓸하고 차가운 밤에도 늘 깨어 있는 철학자였던 아버지는 영면하셨다.

아버지의 숨소리가 빨라지고 혈압이 떨어지며 차갑게 식어가는 모습을 고스란히 지켜보면서도, 의사가 아버지의 임종을 알리는 순간에도 나는 아무것도 믿지 못했다. 눈앞의 모든 일이 꿈인 듯싶었다. 나는 꼭 감은 아버지의 눈 주위와 볼을 더운 수건으로 닦아드렸다. 그때 분명 아버지의 마지막 숨소리를 들었고 지금도 그 소리가 귓가에 울리는 듯하다. 아버지가 돌아가신 직후에 시신을 이동용 침대에 옮겨야 했다. 그때 베개에서 아버지의 온기가 전해졌다. 온기조차 사라지면 아버지와 나는 완전히 두 개의 세상으로 나뉘게 된다는 생각이 들었다. 이제 더 이상 아버지를 돌봐드릴 수 없고, 아버지의 따뜻한 관심과 사랑도 받을 수 없게 된 것이다. 휠체어에 앉아서 내게 자그마한 감동을 안겨주시던 아버지의 모습은 영원히 볼 수 없게 되었다. 아버지도 더 이상 나를 걱정하지 않으셔도 될 것이고 아무것도 함께할 수 없게 되었다. 이 세상에 수많은 사람이 있고 똑똑한 사람도 많지만 나의 말을 진정으로 이해해준 사람은 아버지뿐이었다. 최근 몇 년간 입원은 예삿일이었고 마지막 1년 동안은 병원에 살다시피 하셨다. 입원할 때마다 젊은 여의사는 마음의 준비를 하라고 일렀지만 매번 득의양양하게 퇴원했던 터였다. 이번은 『중국철학사신편』이 완성된 후 첫 번째 입원이었는데 결국 마지막 순간이 오고 말았다.

아버지는 떠났다. 늘 말씀하던 대로 영원한 안식의 세계로 들어가셨다.

아버지가 영안실로 옮겨진 후, 병실을 정리하다가 우리는 빈 병상 앞에 주저앉아 서로 부둥켜안고 울음을 터뜨리고 말았다. 남편이 나를 부축해주었지만 가슴 한쪽이 떨어져 나간 듯한 아픔을 어쩌지 못해 울음만 나왔다. 이제 세상에서 옆에서 돌봐드릴 수 있는 분이 내게 없다는 서러움이 북받쳤다. 이제 아무도 내 어릴 적 이름을 불러주지 않겠지. 아침이면 익숙하게 듣던 아버지의 기침 소리도 이제는 들을 수 없겠구나. 저녁마다 내 곁에서 다정하게 이야기하시던 아버지와 영영 이별하였구나!

12월 1일, 미국에서 중랴오 오빠가 왔다. 원래 생신을 축하드리기 위해 오기로 했으나 결국 아버지의 장례식을 치르게 되었다. 어머니가 돌아가셨을 때도 마지막을 지키지 못해 안타까워

1951년에 중국문화대표단이 인도를 방문했을 당시. 네루 인도 총리와 선물을 교환하는 펑유란

1951년의 철학과 졸업식 사진. 서 있는 사람 왼쪽부터 선여우딩沈有鼎, 장다이넨, 왕셴쥔王宪鈞, 진웨린, 덩이저鄧以蟄, 런화, 펑유란

청년기의 펑유란

1952년에 학과 간 조정으로 칭화대 철학과는 베이징대 철학과에 소속되었다. 사진은 베이징대 서문(해방 직후 베이징대는 해안에서 옌징燕京대학교가 있던 자리로 옮겨왔다.)

名重儒林　哲人榮登九五

文傳四海　絳帳施化三千

중국의 이름 높은 철학자가 95세 생신을 맞은 오늘,
스승의 글이 온 세상에 전해져 길이 빛날 것을 확신한다.

런지위 선생이 아버지의 95세 생신을 축하하여 쓴 수련壽聯

영결사를 읽고 있는 베이징대 철학과 장다이녠 교수

했던 오빠였는데 아버지가 가시는 모습도 보지 못했다. 우리는 생전에 하신 아버지 말씀대로 장례식은 가족끼리 간소하게 치르려고 했다. 그런데 얼마 지나지 않아 가족장은 불가능하다는 것을 알게 되었다.

지인들에게서 온 전화가 끝도 없이 이어졌다. 장례식 날을 물어보며 마지막 가시는 길이나마 참석하고 싶다고 했다. 쓰촨四川에서 온 연세가 지긋한 아버지의 제자 한 분은 검은 천을 쓰고 우리 집에 와서 무릎을 꿇고 한없이 앉아 있었다. 한국의 학자인 송긍섭宋兢燮 선생은 몇 년 전부터 아버지를 뵈러 온다고 했는데 이제 이별식에 참석하게 되었다.

차이코프스키의 장송곡이 아버지의 관을 지나고 있는 말없는 행렬 사이로 흘렀다. 아버지를 진심으로 사랑하고 존경하던 사람들의 애도가 이어졌다. 마지막으로 우리가 아버지의 발밑에 꿇어앉았을 때, 나는 꿇어앉은 그 자리에서 마음껏 울 수 없었다. 울고 싶었지만 있는 힘을 다해 눈물을 삼켰다. 어머니와 남동생이 세상을 떠난 뒤로 나는 그럴 자격이 없었다. 수많은 사람의 진심어린 애도와 당부를 받아들여야 했고 해야 할 일도 많았

현재 철학계는 새로운 학설이 난무하고, 사람들은 한두 가지 견해로 자신을 뽐내고자 한다. 철학이 마치 특이한 구상으로 자신을 드러내기 위한 수단이 되었다. 즉 '하나의 학파'를 만들거나 서로 단합하는 수단으로 전락한 것이다. 나는 이런 부류는 대부분 연기처럼 흔적도 없이 사라질, 헛된 유행이라고 생각한다. 가치가 흔들리는 혼란한 시대에 우뚝 서서, 세상을 이롭게 하고 세계 질서에 도움을 준 철학자는 펑유란 선생 한 분이다. 선생은 성현의 말씀을 계승하고 고금을 두루 알았으며 중국과 서구의 여러 철학 사상을 섭렵하였다. 이처럼 견실한 학문 위에 학설을 세워 전 인류의 정신을 돕는 진정한 철학의 횃불을 밝혀주었다.

|

리선즈

시난연합대 시기의 펑유란

인도 방문 기간 중 학술 세미나에서 발표하는 모습

기 때문에 꼿꼿이 서 있어야 했다.

화환을 두르고 검은색과 노란색 리본으로 장식된 영구차가 톈안먼天安門을 지나갔다. 영구차 창밖의 세상은 조금도 변하지 않았고 어제와 비슷한 하루가 활기차게 돌아가고 있었다.

이틀 후 아버지의 유골함을 받아 침실에 모셨다. 어머니의 유골은 이미 13년 동안 아버지의 침실에 계셨는데 이제 두 분을 함께 모시게 되었다. 그리고 내년 봄에는 베이징 완안萬安공원묘지에 합장해드릴 생각이다. 벽면에 걸린, 두 분이 함께 찍힌 사진한 장이 눈에 들어왔다. 1960년대에 이름도 모르는 어떤 분이 샹산香山에서 몰래 찍은 것이다. 어머니는 양산을 들고 있고 아버지는 한쪽 다리를 내딛는 모습인데, 두 분은 언제 어떻게 찍혔는지 전혀 모르시던 사진이다. 촬영한 분은 이 사진을 홍콩에서 출품했는데, 캐나다 국적으로 아버지의 학생인 위징산餘景山 선생이 우연히 보고 사들였다. 기회가 되어 어머니가 1970년대에 이 사진을 받으셨다.

사랑하는 부모님! 두 분의 빛나는 삶의 악장樂章은 멈추었지만 앞으로 걷는 저 모습은 영원할 것입니다.

6 '아둔한 아버지'와 중국 현대사

돌아가신 뒤에도 아버지를 떠올릴 때마다 늘 바로 옆에 계신 느낌이었다. 아버지를 어찌 잊을 수 있을까. 내 곁에 서서 자상한 눈길로 나를 보시던 아버지의 온기가 아직도 남아 있는 듯하다.

나는 아버지의 각별한 딸이었다. 수십 년간 때로는 비서이자 관리인으로, 때로는 간병인으로 아버지 곁을 떠나지 않았다. 그 세월만으로도 아버지를 온전히 이해할 수 있으련만 아버지의 철학적 깊이는 전혀 가늠하지 못하는 우둔한 머리를 타고난 것 같다. 그래도 나는 생활 속에서 아버지 정신의 만분의 일이나마 엿볼 수 있었다. 아버지는 철학은 인류가 역사를 되돌아보는 정신의 사색이라고 말씀하셨다. 아버지는 늘 골똘히 생각에 잠겨 있었는데, 지나치게 생각에 집중한 나머지 아둔해 보일 때도 있었다. 만년에 잘 들리지도 않고 눈에서 총기가 사라질 때쯤에 아버지는 자신을 '목각 닭 인형'에 비유하며 "멍청한 늙은이"가 되었다고 웃기도 하셨다. 사실 아버지는 젊었을 때도 남 보기에 가끔 이상한 행동을 하셨다. 항전 초기에 칭화대 교수 분들과 창사에서 쿤밍으로 갈 때였다. 도중에 전난관鎭南關을 지났는데 창밖에 손을 내민 채 있다가 성벽에 부딪혀 그만 팔이 부러지셨다. 진웨린 선생이 이 일로 놀리기도 했다.

"운전기사가 성문을 통과하니 창밖에 손을 내밀지 말라고 분명히 말했단 말이지. 다른 사람들은 그 말을 듣고 얼른 손을 집어넣었거든. 그런데 네 부친만 그 말을 생각하느라 바빴지. '왜 창밖으로 손을 내밀면 안 되는가? 창밖에 손을 내미는 것과 창 안에 손을 두는 것의 차이는 무엇인가? 그 보편적인 의미와 특수 의미는 어떻게 다른가?' 하고 말이지. 그런데 이를 어쩌나. 사색이 끝나기도 전에 팔부터 부러졌으니. 하하하."

이 일은 아버지가 얼마나 생각을 좋아하는지 말하려고 부풀린 이야기일 것이다. 그때 아버지는 다른 생각에 잠겨서 운전기사가 하는 말을 듣지 못했다고 한다.

아버지는 어떤 경우에도 사색을 멈추지 않으셨다. 핍박과 고난 속에서도 사색을 중단하지 않으셨다. 누가 어떤 비판을 해와도 묵묵히 사상을 만들어가셨다. 성과가 없으면 스스로 비판하며 다시 사색하셨다. 사색 중에 늘 새로운 생각이 도출되었다. 그런데 아버지는 진정으로 자아 개조를 원하셨다. 20세기 중엽의 급격한 사회 변화나 1960~70년대의 중국에서 각종 정치 운동을 겪어보지 못한 사람은 '자아 개조'에 대한 열망을 이해하기가 힘들 것이다. 첫 번째, "중국 인민이여 일어나라!"라는 구호가 얼마나 많은 지혜로운 사람을 지옥으로 내몰았는지 모를 것이다. 두 번째, '지식인'이나 '자본가 계급'의 낙인이 찍히면 이들의 임무는 '개조'가 되었고 인정을 위한 인정, 부정을 위한 부정을 감수해야만 했다. 세 번째, 지식인마다 그 상황이 달랐는데, 정부기관에 있는 사람은 내용을 제대로 알고 있지만, 학계와 문단에 있는 사람은 신문이나 기관에서 전달하는 것밖에 알 수 없었다. 이렇게 되면 본래의 사정을 알 수 없는 경우가 대부분이다.

다행히 새로운 세상이 열렸다. 사람들은 이제 자신의 머리를 가장 신뢰하게 되었다. 아버지는 타인에게 의지하지 않고 '성실을 바탕으로 자신의 글을 다듬는' 태도를 견지하셨다. 20세기에 들어와서도 '성실'을 말하면서 진실을 말해야 했다니, 이것이 바

청년기의 펑유란

1921년, 베이징대 출신으로 미국으로 유학 온 학생들과 시찰차 방문한 차이
위안페이 선생과의 기념 촬영. 두 번째 줄 왼쪽에서 첫 번째가 펑유란, 앞줄
왼쪽에서 다섯 번째가 차이위안페이 선생, 왼쪽에서 두 번째가 뤄자룬

THE INTERNATIONAL
JOURNAL OF ETHICS

APRIL, 1922

WHY CHINA HAS NO SCIENCE —AN INTERPRETATION OF THE HISTORY AND CONSEQUENCES OF CHINESE PHILOSOPHY.[1]

YU-LAN FUNG.

In one of his articles published last year in the *New Republic*, Professor Dewey, said:

"It may be questioned whether the most enlightening thing he [the visitor] can do for others who are interested in China is not to share with them his discovery that China can be known only in terms of itself, and older European history. Yet one must repeat that China is changing rapidly; and that it is as foolish to go on thinking of it in terms of old dynastic China as it is to interpret it by pigeon-holing its facts in Western conceptions. China is another world politically and economically speaking, a large and persistent world, and a world bound no one knows just where."[2]

It is truly a discovery. If we compare Chinese history with the history of Europe of a few centuries ago, say before the Renaissance, we find that, although they are of different kinds, they are nevertheless on the same level. But now China is still old while the western countries are already new. What keeps China back? It is a natural question.

What keeps China back is that she has no science. The effect of this fact is not only plain in the material side, but

---

[1] In publishing this paper I take the opportunity to thank many members of the faculty of the Philosophy Department of Columbia University for encouragement and help. By science I mean the systematic knowledge of natural phenomena and of the relations between them. Thus it is the short term for Natural Science.

[2] *The New Republic*, Vol. XXV, 1920, New York, p. 188.

미국 컬럼비아대학교 대학원 듀이Dewey 교수. 펑유란 선생의 지도교수였다.

로 우리 시대의 비극이었다.

  그래도 나는 역사는 모든 사람을 어떤 편견도 없이 공평하게
바라본다고 생각한다. 역사는 한 사람 한 사람의 공적을 잊지 않
지만 이들을 평가할 때 역사를 잊어서도 안 된다.

  아버지는 일생 동안 세속적인 집착이 거의 없으셨다. 관심은
모두 철학에 있었기 때문에 사소한 다른 일은 신경 쓸 틈이 없었
다고 말해야 할지 모르겠다. 그리고 항상 남을 배려하고 폐가 되
지 않으려고 신경 쓰셨다. 아흔다섯 해를 살면서 한 번도 다른 사
람을 힘들게 하거나 괴팍하게 군 적이 없다. 돌이켜보면 기적 같
은 분이셨다.

  일전에 아버지가 자신의 삶에서 3명의 여자가 은인이라고 하
셨는데, 한 분은 아버지의 어머니이자 나의 조모인 우칭즈 여사
이고, 다른 한 분은 어머니인 런짜이쿤 여사 그리고 마지막이 나
였다.

  1982년에 아버지를 모시고 미국에 갈 때 아버지는 공항에서
타유시打油詩[옛날 시체詩體의 하나. 내용이 평이하고 평측平仄과 운율에 구애받지

두 차례의 고난을 겪고 한 가지 교훈을 얻었다. …… 길은 스스로 만드는 것이다. 도리도 스스로 깨치는 것이다. 학술상의 결과물도 오직 자신의 연구에 의지할 뿐이다. …… 과거의 경험과 교훈에 비추어 나는 『신편』을 이어 쓰면서 현재 나의 사상적 기초인 마르크스주의의 기준에서 중국 철학과 문화를 이해하여 저술하기로 했다. 절대 다른 사람의 학술과 이론에 기대지 않겠다.

|

펑유란

1923년, 동생 펑징란馮景蘭이 미국 유학에서 돌아온 직후, 카이펑開封에서
가족과 기념 촬영. 중앙에 앉은 이가 모친 우칭즈, 왼쪽에서 두 번째가 펑위
안쥔馮沅君, 왼쪽에서 첫 번째가 펑징란. 뒤쪽에 서 있는 오른쪽 첫 번째가
펑유란, 두 번째 런짜이쿤

않는다. 장타유張打油가 쓴 데서 유래함]를 한 수 지어주셨다.

　어린 날에 학업은 어머님에게 의지하였고
　중년에 사업은 어진 아내가 있었네
　늘그막에 딸아이의 효도를 받으며 만 리를 날아가네

　확실히 누군가 세속의 일을 처리해나가야 하고, 그 바탕 위에 순수한 정신세계도 있을 수 있다. 아버지를 모시고 살아오는 동안 내 생일 때마다 아버지가 쓴 글[壽聯]을 받을 수 있었다. 1990년 여름에 마지막으로 내게 써주신 글이 생각난다.

　내 집에 영민한 수호신이 있네
　훌륭한 재주가 3대를 잇네
　문장이 수려하고 필체가 아름답구나
　'신편'이 '쌍성'에 비할 바가 아니네

　아버지는 언제나 부족한 딸을 칭찬하셨다. '쌍성雙城'은 나의 장편 대하소설을 말한다. 처음에는 『쌍성홍설기雙城鴻雪記』였다가

평유란 선생이 영어로 옮긴 『장자』는 화문학교華文學校에 재학 중인 외국
학생들을 위한 교재로 채택되었다. 사진은 상무인서관商務印書館에서 출판
한 영문판 『장자』

民國二十二年八月廿八日
河南私立黎明初級中學校歡迎馮芝生博士顧馮懷西二位先生撮影

1923년, 리밍黎明중학교 교사와 학생들이 펑유란 선생이 카이펑에 돌아와
강단에 선 것을 환영하며 촬영한 기념사진. 두 번째 줄 왼쪽에서 아홉 번째
가 펑유란 선생

나중에 『야호로인野葫蘆引』으로 제목을 바꾸었다. 나는 그중 제1권인 『남도기南渡紀』를 출간한 후, 시간도 부족하고 여력도 없어 글을 중단했다. 아버지의 『중국철학사신편』이 내게는 더 소중했고 먼저 마무리되기를 원했다. 그리고 꼭 그래야만 했다. 그렇다고 내가 살림을 잘한 것은 아니다. 특히 요리 실력은 어머니의 발끝에도 미치지 못해서 친구들이 우리 집 음식을 먹어보고는 크게 실망할 정도였다. 부족한 음식이 오르는 식탁이었지만 아버지는 한마디 불평도 없이 늘 기쁘게 식사를 하셨다. 어떤 음식을 드려도, 음식이 입에 맞든 그렇지 않든 산해진미를 드시듯이 맛있게 드셨다. 아버지 자신도 스스로 '밥통'에 비유하며 자주 웃었는데 아버지는 비위를 타고나신 것 같다. 한편으로는 음식을 준비하는 사람의 수고를 알기 때문에 음식 투정은 예의가 아니라고 생각하신 것 같다.

아버지는 검소하셨지만 무미건조한 분은 아니었다. 근엄한 자리에 영원히 앉아 있는 분이 아니라 활달하고 자유로우셨다. 다만 한가롭게 즐길 시간이 없어서 엄숙해 보일 뿐이다. 1926년 31세에 양전성楊振聲, 덩이저 그리고 이백李白의 시를 번역한 일본학자 한 분과 모임을 가졌는데 네 분이서 하루저녁에 12근斤이나 되는 화댜오花雕(고급 소흥주)를 다 비울 정도였다.

　1960년 무렵 나는 아파서 집에만 틀어박혀 있었는데, 어느 날 저녁에 부모님을 따라 이허이위안頤和園 호수에서 1시간에 1위안 하는 큰 배를 탔다. 그때는 저녁놀이 드리워져 신비로울 정도로 아름다운 순간이었다. 몇 년이 지나 한 대학생이 노을 속에서 배에 타고 있던 우리의 모습을 보고 신선 같았다고 내게 말했다. 나도 아버지에게서 신선과 같은 면을 여러 번 발견했다. 아버지는 늘 어디에도 구애받지 않았는데, 사람과 천지는 하나라고 마음으로 분명히 알고 계셨다. "사람과 천지는 하나이다." 아버지가 이 말을 하신 것은 한두 번이 아니다. 『삼자경三字經』에는 '세 가지 보배는 천지인天地人'이라고 풀어놓았다. 천지와 같은 것이 인간인데 사소한 것에 연연해서 무엇 하겠는가! 당시 좀 요령 있는 사람들은 자녀를 베이징으로 불러들였다. 아버지는 자신이 그토록 아끼던 막내아들 중웨가 의료 수준이 낙후된 황토고원에 가서 고생하는 모습을 지켜보기만 하셨다. 중웨는 조국의 항공 사업을 위해 피와 땀을 쏟은 뒤, 결국 1982년에 청춘과 생명까지

1923년, 미국에서 돌아와 중저우中州대학교(지금의 허난대학교) 문과대학
장 겸 학과장으로 부임했다. 사진은 당시의 중저우대학교 모습. 나중에 허난
사범대학교가 되었다. 수차례 편찬한 학교사史에 펑유란 선생의 활동과 업
적이 잘 나와 있다.

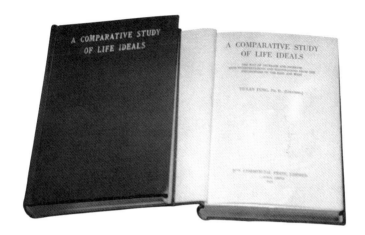

1923년 평유란 선생의 박사논문인 『천인손익론天人損益論』. 1924년에 상무 인서관에서 『인생 이상理想의 비교연구』란 제목으로 출판했다.

옌징대학교에 재직 중인 미국 국적의 보천광博晨光 교수 등과 함께(왼쪽 첫 번째가 펑유란)

1926년, 상무인서관에서 출판한 『인생철학』

바치고 말았다.

아버지의 '아둔함'에는 사실 유가의 위대한 정신이 숨어 있다. "하늘의 운행은 씩씩하니, 군자도 이를 본받아 쉼 없이 강건해야 한다天行健, 君子以自强不息"에서 자강불식은 '불가함을 알고도 행하는' 경지이다. 또 신선과 같은 아버지의 기풍은 도가道家의 활달하고 유유자적한 기풍이다. 이 두 철학 정신으로 고난 속에 내몰린 20세기 중국을 건너오셨다. 아버지의 일생은 바로 20세기 중국 문화의 한 단면이다.

허난河南이 고향인 친구가 들려준 일화가 있다. 1945년에 할머니가 돌아가시자 아버지가 숙부와 상喪을 치르러 고향에 가셨다. 당시 현장縣長(시장에 해당)이 조문 왔는데 아버지는 배웅을 나가지 않으셨다. 그러나 옛 친구가 찾아오자 일일이 대문까지 배웅을 나가셨다고 한다. 이 이야기를 들었을 때 나는 아버지가 독자를 사랑하신 기억이 떠올랐다. 아버지는 독자가 보낸 편지를 매우 소중히 여기고, 여러 해 동안 일요일 오전이면 늘 답장을 쓸 정도였다. 산시山西에 사는 농민 독자인 처헝마오車恒茂라는 노인 분과는 수년간 꾸준히 편지를 주고받으셨다. 후에 내가 아버지 펑유란은 학술상의 업적으로 자신의 개성을 표현했다. 정치적으로는 너무 순진해서 다른 사람의 놀림감이 되었다. 그에게 학술 세계 밖의 정치에 참여하게 한 원동력이 있다면 바로 애국심이었다. 그는 "나라를 사랑하는 사람은 조국의 가치를 따지지 않고 무조건 사랑해야 한다"고 말했다. 이런 종교적 신념과도 같은 애국심은 펑유란 세대의 지식인에게는 정치적인 자산이었다. 이 세대는 자신을 헌신짝처럼 버리거나 자신의 사상을 내던졌고, 그 스스로 이해하지 못하는 정치 조류를 따라 표류하기도 했다.

|

단춘

를 대신해 독자의 편지에 답신을 쓴 적이 있는데 아버지는 청년의 편지는 더 각별히 대해야 한다고 말씀하셨다. 단 몇 마디지만 아버지가 쓴 글에는 청년들의 능력을 이끌어내는 힘이 있는 것 같았다. 나중에는 여력이 없어서 더 이상 답장을 쓰지 못했다.

흔히 시간이 모든 것을 덮어준다고 말한다. 그러나 1990년 초겨울에 아버지가 세상을 떠나실 때의 모습은 시간이 갈수록 또렷해지기만 한다. 아버지의 마지막 모습은 내가 무덤에 들어가는 순간까지도 기억에 남을 것 같다. 그날 밤 아버지의 시신에 옷을 갈아입힐 때, 몸은 평상시 주무시는 것과 다름없었다. 아버지는 언제라도 눈을 떠 "중국의 철학은 반드시 찬란하게 빛날 것이다"라며 말문을 여실 것처럼 보였다.

나는 결코 아버지를 잊을 수 없다. 하늘로 돌아갈 때까지 아버지는 영원히 내 곁에 계실 분이다.

철학사에서 아버지가 이루신 업적에 대해선 이미 학자들의 평가가 이뤄졌지만, 나 같은 보통 사람이 봤을 때 아버지 정신의 두 기둥은 확고하고 특별했다. 하나의 기둥은 철학에 대한 사랑이며 또 다른 기둥은 조국에 대한 사랑이다.

베이징대학교 안에 있는 미명호未名湖에 비친 박아탑博雅塔

항전 시기 전에 칭화대 이쉬위안乙所院에 있을 때 아버지의 서재는 아이들이 가서는 안 되는 곳이었다. 하루는 우리가 연구실에 계신 아버지를 훔쳐본 적이 있었다. 아버지는 책상에 앉아 저작에 몰두하고 있었는데 외부세계의 어떤 소리에도 신경 쓰지 않으셨다. 아버지는 늘 생각 중이셨다. 쿤밍에 있을 때 포탄을 피해 시골로 대피할 때였는데 3시간 동안 한마디 말도 없이 아버지 뒤만 따라갔다. 아버지는 어떤 생각에 잠기시면 일체 말이 없기 때문이었다. '문화대혁명' 시기에 우리 집은 온 식구가 단칸방에 쫓겨나 살았다. 이때 아버지가 음식물 더미에 앉아 계셔서 식구들이 크게 놀란 적도 있다. 그때도 어떤 생각에 골몰해서 물컹한 감촉도 느끼지 못했다고 하셨다.

나는 '하늘이 공자를 내려 오랜 세월 세상을 밝혔다天不生仲尼, 萬古如長夜'란 구절의 의미를 이제야 좀 알 것 같다. 인류가 사상과 철학의 불을 밝히지 않았다면 삶의 의미도 없었을 것이다. 『신원인』 제1장에서 사람은 '세상의 중심'으로서 깨닫는 동물이라고 하신 것도 이 같은 맥락이다.

칭화대학교 교문

1935년, 펑유란의 모친인 우칭즈가 허난에 온 뒤, 칭화대학교 이쉬위안에서
가족 기념 촬영을 했다. 중간이 우칭즈, 왼쪽이 런짜이쿤, 오른쪽이 펑유란.
앞줄에 네 자녀, 왼쪽부터 장녀 중롄鐘璉, 장남 중랴오, 차녀 종푸, 차남 중웨

1929년, 부인 런짜이쿤, 자녀들, 런즈밍任芝銘 선생과 기념 촬영

1945년 초, 선생은 두 형제와 머나먼 여정 끝에 허난성 난양南陽 탕허 치이전祁儀鎭으로 돌아왔다. 당시 이곳은 일본군의 점령 아래 있었다. 모친상을 당한 선생이 위험을 무릅쓰고 효를 실천한 일은 시난연합대에서 미담이 되었다. 주쯔칭 선생은 이 일에 대해 시를 써 펑 선생을 칭찬했다.

물을 마시며 샘의 근원과 나무는 뿌리가 있음을 아네 飮水知源木有根
어지신 어머님의 향취를 더듬으며 그리워하네 攄香賢母此思存
······
참배하며 자모慈母의 온기를 느끼고 趨拜曾瞻慈陰暖
쓰신 글은 도타운 정이 넘쳐나네 論交深信義方淳
펑 선생의 이학을 배우니 학식의 미천함을 알게 되어 長君理學尤沾漑
그대에게 선생의 말씀을 전하고자 하네 錫類无慚古立言

[편모슬하에서 자란 펑유란은 어머니에 대한 효심이 각별했다. 그런 모친이 돌아가시자 비통한 심정은 이루 말할 수 없었다. 펑유란은 「제모문祭母文」을 지어 심정을 표현했다. 주쯔칭은 「제모문」을 읽고 감동하여 이 시를 지었다고 한다.]

|

레이시雷希

사상思想은 깨달음을 향해 나아가는 과정이다. 아버지는 사고하는 인간의 능력을 최대한 발휘하였고, 생각하는 것 자체에서 기쁨을 느끼셨다. 그런데 아이러니하게도 아버지가 살아 계시는 동안 중국에서 사상을 허락하지 않는 암흑의 시기가 있었다. 사고와 사상을 허락하지 않았지만 어떻게 생각하는지 말하지 않으면 그만이지 않은가라고 할지도 모른다. 그런데 문제는 반드시 말을 하도록 강요받았기 때문에 다른 사람의 말이라도 할 수밖에 없었다. 이런 일련의 과정이 바로 '사상 개조'였다.

바진巴金 선생은 그의 『수상록隨想錄』에서 이런 말을 한 적이 있다.

"한 가지는 확실하다. 마음에 없는 말은 모두 거짓말이었다. 처음에는 다른 사람이 하는 말을 따라했다가 나중에는 같이 말했다. 처음에는 거짓말인 줄 알면서도 했지만, 시간이 흐를수록 '자신만의 독립적인 생각'이라는 무거운 짐을 내려놓아야 '새롭게 전진'할 수 있다고 생각했다. 자신도 모르게 사상이 개조되어갔다."(『진화집眞話集』)

바진 선생은 또 말했다.

"나는 거짓말을 신봉했고 심지어 전파했다. 한 번도 거짓말에 반발하거나 투쟁하지 못했다. 누군가 소리 높여 외치면 나는 열심히 따라했다. 다른 사람이 '신명神明'의 기치를 내걸자 나는 땅에 바싹 엎드려 절 하듯이 숭배하였다. —심지어 정말 어리석게도 자발적으로 '환골탈태換骨脫胎'의 마술상자에 들어가 변신하고 싶었다." (『탐색집探索集』)

'문화대혁명' 이란 소용돌이를 직접 겪어본 사람은 알 것이다. 바진 선생의 말이 얼마나 아프게 와 닿는지!

중국의 학자 중 첸리췬錢理群은 자신의 「고난의 역사 속에 선 학자의 고백」이란 글에서 이런 말을 했다.

"당시에 학자들은 절대적으로 정치적 요구에 따라야 했다. 어떤 경우에도 배반은 허용되지 않았다. 그러면 바로 생명의 위협이 가해졌다. 문화대혁명 시기에 지식인의 선택에 대해 이야기할 때는

잡지 『신조新潮』 제3권 제1호에 실린 펑유란과 인도 시인 타고르의 담화인 「동서 문명의 비교」

칭화대학교 동료 교수와 함께. 앞줄 왼쪽부터, 예치쑨葉企孫, 판광단, 뤄자
룬, 메이이치, 펑유란, 주쯔칭. 뒷줄 왼쪽부터 류충훙劉崇鋐, 푸쒜펑, 천다이
쑨, 구위슈, 선뤼沈履

이런 생존의 위협을 이해해야 한다. 살아남기 위해서, 일부는 자신이 옳다고 믿는 바대로 …… 최대한 시대에 부응하고 끊임없이 자신을 채찍질해야 했다. 매번 정치 비판과 사상 비판에서 주동적으로 혹은 피동적으로 본심을 속였거나 반신반의의 태도를 취해야 했다."

철학자의 머리를 개조하는 일은 더욱 힘든 일이다. 철학자는 어떤 개조든지 사상적인 이유가 있어야 가능한 일이다. 거짓말을 하더라도 사상적으로 설명이 가능해야 하며, 경솔하게 말할 수는 없었다. 따라서 아버지는 끝도 없이 반성을 해야 했고 그 반성은 '자신의 생각'을 가진 대가代價였다. 뜨겁게 달궈진 철판 위에서 딸랑 소리만 나는 종을 하나 들고 줄달음치는 격이었다.

아버지는 스스로 사상 개조를 원하기도 하셨다. 아버지는 바로 애국심 때문에 나라가 원하는 학자가 되려고 하셨다. 아버지는 또한 조국의 문화를 진심으로 또 열렬하게 사랑하셨다. 이것은 중국의 한 시대나 정권에 국한된 애정이 아니라 중국의 전 시대의 역사와 문화, 아버지가 살아온 공간에 대한 사랑이었으며 조국에 대한 감정처럼 유전인자 속에 깊숙이 박힌 감정이었다.

1934년 말, '영국 각 대학의 중국위원회'의 초청으로 유럽을 방문. 중국 허난 출신으로 영국에 온 유학생들과 함께

중화인민공화국이 성립되기 전에 중국은 여러 차례 치욕을 맛보았고 국권을 상실하기까지 했다. 나라는 더 이상 나라가 아니고 국민은 주인을 잃고 방황했으며 고난이 끝도 없이 이어졌다. 이런 참담한 지경에서 "중국 인민들이여 일어나라!"라는 구호에 어찌 화답하지 않을 수 있겠는가? 어떻게 조국을 위해 희생하지 않을 수 있겠는가? 아버지는 "만약 도술道術(정권)이 여러 번 바뀌는 것에 놀란다면 왕조의 흥망사에서 해답을 찾아보라"고 하셨다. 중화中華 민족의 흥망을 걱정하신 말씀이었다. 맹자에 이런 구절이 있다.

"백성이 가장 귀하고 종묘사직이 다음이며, 임금은 가벼운 것이다."

民爲貴, 社稷次之, 君爲輕

이처럼 선후와 경중輕重이 분명한데, 몇몇 사람들은 정권 교체와 정당의 이익을 위해 인민을 희생시키고 있으니 참으로 안타깝다.

한번은 펑 선생이 이렇게 말씀하셨다. '서양음악과 중국음악을 두고 도회지 사람들은 서양음악이 좋다고 한다. 또한 중국철학과 서양철학을 좀 한다고 하는 사람들은 중국철학을 숭상한다.' 당시 나는 철학의 절반이 이상하다고 생각했다. 근래에 펑 선생의 말이 이해가 된다. 중국철학은 문학에 가깝고 인생의 문제에 대해 쉽게 결론을 내린다. 그러나 서양철학은 과학적 사고를 강조하지만 문학의 친근성이 부족하고 과학의 정확성도 없다.

|

〔미국〕왕하오王浩

1934년 유학생활 할 때의 모습

20세기 중국인 학자 중 글로써 가장 많이 비판을 받은 사람을 꼽으라면 아버지도 빠질 수 없을 것이다. 후스 선생의 저작이 여러 번 도마에 오르기는 했지만 그분은 해외에 있었으니 국내에서 비판이 거세질수록 오히려 명성과 권위는 더 높아졌다. 반면에 아버지는 벌겋게 달아오른 국내 정치라는 철판 위에 그대로 앉아 계셨다. 정치와 사상, 문화운동이라는 광풍이 몰아칠 때마다 철학자들은 대부분 철판을 뜨겁게 달구는 불을 지피고 있었다. 당시의 분위기 때문에 아무도 자유로울 수 없었을 것이다. 이제 와서 그분들을 비난하고 싶지는 않지만 아버지에 대해 말하고 싶다. 아버지는 묵묵히 비판을 감내했고 자신에게 가혹하게 대하는 사람들을 미워하지 않으셨다. 나는 한 번도 아버지가 집에서 어느 누구에 대해 불평하는 것을 들은 적이 없다. 누군가를 괴롭히면 괴롭히는 사람도 힘든 법이다. 실제로 아버지를 혹독하게 비판하던 사람들은 나중에 거의 몰락했다. "선생님(공자)의 도는 충직함과 동정심이 많은 것이다夫子之道忠恕而已矣"라고 했는데 넓은 가슴으로 포용한 아버지의 모습에서 이 말을 진정으로 이해할 수 있었다.

1966년 말, '문화대혁명'이 한창일 때 오랜만에 모교인 베이징대를 찾아왔다. 우연히 도처에 걸린 대자보를 보다가 남북각南北閣 부근(철학과는 철학동棟에서 이쪽으로 옮겼다) 멀리서 교수님을 보게 되었다. 이미 일흔을 넘긴 교수님이 마스크를 쓰고 기다란 빗자루를 들고 등을 구부린 채 힘들게 교정을 청소하고 계셨다. 마침 '홍위병'들이 나팔을 불며 '자본가계급 반동 학술 권위' 비판에 열을 올리고 있었다.

|

첸겅선錢耕森

베이징대학교 내 옌난위안燕南園 54호 저택에서(1952년에서 1957년까지 거주)

아버지는 철학이라는 든든한 동반자가 있었기 때문에 수많은 비판의 화살을 혼자 감당했어도 외롭지 않으셨다. 아버지는 철학으로 조국을 사랑했고 중국의 귀중한 문화를 수호하고 계셨다. 중국에서 철학의 전통 계승에 대한 논란이 벌어질 때, 아버지는 철학이 지니는 두 가지 의의를 말씀하셨다. 이것은 구체적인 의의와 추상적인 의의인데, 아버지는 철학의 구체적인 의의는 계승할 수 없지만 추상적인 의의는 계승할 수 있다고 하셨다. 바로 유명한 '추상계승법抽象繼承法'인데, 이로 인해 10여 년 동안 비판받은 이론이다.

1958년에 아버지는 「대립면을 세우다」라는 글을 써 대학의 철학과는 보통의 노동자가 아니라 이론의 정립을 위한 학자를 길러내야 한다고 주장했다. 이 글도 사회적으로 엄청난 비난을 받았다.

그 뒤 사회 분위기는 더욱 험악해졌지만 아버지는 이에 굴하지 않고 자신의 생각을 피력하셨다. 1959년의 '경계境界' 설에는 합리성이 있었고, 1961년에 제시한 '보편성 형식' 설에서는 공자의 '인仁' 사상이 진보적이라고 주장하셨다. 이즈음 자신의 사상

1959년 10월, 정부 수립 10주년을 기념해 부인과 함께

한번은 펑 교수님 집에서 스터디를 했는데 차와 과일, 간식을 내어주셨다. 당시에 스터디란 하나같이 '계급투쟁 이론'에 관한 것으로 살벌해질 수 있는 주제였지만, 펑 교수님의 부드러운 미소를 보면 마음이 누그러지기도 했다. 교수님은 비판의 표적이 될 수밖에 없었지만 나는 마음속으로 학술 문제와 정치 문제는 다르다고 생각했다. 학술 문제는 토론할 가치가 있다. 그렇지 않다면 '백가쟁명百家爭鳴'을 내세운 정부 방침이 무슨 의미가 있겠는가? 스터디 그룹이었던 우리는 차를 마시고 펑 교수님은 비판을 받았다. 그다음 모임에서도 똑 같은 모습이 되풀이될 뿐이었다. 정말 이해할 수 없는 광경이었다.

|

펑이다이憑亦代

을 정리한 『중국철학사신편』을 쓰기로 결심하셨다. 『중국철학사신편』은 『정원육서』와 마찬가지로 아버지의 애국심이 잘 드러나 있다. 아버지는 고서 더미에 앉아 공허한 역사를 파고들지 않았고, 책을 펴내 새로운 중국 건설을 위한 자양분을 제공하고자 하셨다. 즉 '옛일을 밝혀 새로운 사명을 도우려고' 하신 것이다. 1960년대에 『중국철학사신편』 두 권을 완성했으나 그 후 20년간 집필을 멈추실 수밖에 없었다. 20년이란 시간 동안 얼마나 많은 곡절을 겪었겠는가! 그 모든 고난을 이겨낸 뒤 아버지는 놀라운 의지로 저술을 재개하여 마침내 『중국철학사신편』을 완성하셨다.

차이중더[저자의 남편]의 「펑유란의 사상 역정」이라는 논문에서는 아버지의 사상 형성 과정을 자아실현, 자아상실, 자아회복의 세 시기로 나누었다. 나도 이 구분에 수긍한다. 사람들은 잘 모르지만 아버지의 삶에는 분명 시간의 단절과 구분이 있었다. 그러나 '자아상실 시기'라고 해서 아버지가 자아를 완전히 상실했던 것은 아니다. 어느 작가는 '후펑胡風 문제'[마오쩌둥 사상과 배치되어 1950년대에 발생한 필화筆禍 사건. 주요 인물이 후펑이어서 이름 붙여짐]로 감옥에 여러 해 있다 온 뒤 여전히 고개를 숙이고 반성만 했다. 또 어떤 화가

1950년대에 철학자 판쯔녠潘梓年과 함께

는 1949년에 파리에서 중국으로 귀국했는데 '문화대혁명' 때 비판을 받아 그림은 종이 낭비만 하는 헛된 일로 여기게 되었다. 그는 사상을 개조한 후 자신의 과오를 속죄하기 위해 길거리에서 폐휴지를 주웠다고 한다. 1949년 이후에 아버지의 삶도 반성의 연속이었지만 결코 자아를 상실하지 않으셨다. 아버지는 무소불위의 정치 탄압 속에서도 자살하거나 미치지 않았다. 그렇다고 침묵으로 일관하지도 않으셨다. 그토록 혼란한 시국에서도 아버지의 머릿속에는 순수한 철학의 왕국—핍박으로 오그라들 대로 오그라졌으나—이 있었다. 그래서 순조롭게 자아를 회복할 수 있었다.

아버지가 가장 낙심했던 시기는 '비림비공批林批孔 운동' [중국에서 린뱌오林彪와 공자의 사상을 공격했던 운동] 시기였다. 이는 아버지가 자아를 상실했을지도 모른다는 우려를 드러낸 때이다. 사실 나는 당시 린뱌오를 비판하면서 왜 공자와 연계했는지에 대해서 잘 알지 못했다. 아버지가 공자 비판에 참여한 이유에 대해 나는 이렇게 생각한다.

첫째, 유가에 대한 비판은 '5·4운동' [1919년 5월 4일, 중국 베이징의

1950년대 말, 펑유란과 동료 학자들이 중국철학사 교재 편찬을 논의하고 있다. 오른쪽부터 펑유란, 탕융퉁湯用彤, 런화任華, 황쯔퉁黃子通, 왕이汪頤

당시 시난연합대의 학술 분위기는 남달랐다. 교수들은 쿤밍의 좁은 골목길을 걸으며 자신만의 학술적 사고에 젖어들었다. 내가 보기에 그들은 공자나 플라톤처럼 지혜의 화신이었다. 교수들은 말 한마디 행동 하나까지도 젊은이들의 사상과 깨우침에 영향을 끼쳤다. 당시 지혜는 상아탑 속에만 있지 않았다. 학교 주변과 다시먼大西門 일대의 찻집에서도 지적인 분위기가 넘쳐흘렀다. 요란한 경보음이 울릴 때마다 교수와 학생들은 묵묵히 책을 끼고 새 학교 뒤편의 언덕으로 흩어졌다. 적의 전투기가 날아다니고 눈앞에서 포탄이 떨어졌지만 그 무엇도 진리를 탐구하는 이들의 열망을 멈추게 할 수 없었다. 그들은 늘 사색했으며 중국의 미래를 생각했다. 경보가 울리면 뒤뜰의 빈 땅이 교실이 되었고, 비행기가 지나간 후 다시 책을 집어들었고 토론했다. 생활이 학술이고 학술이 생활이었다.

|

정민鄭敏

학생들이 일으킨 반제국주의 · 반봉건주의 혁명운동) 시기부터 시작되었다. '공가점孔家店'(중국의 오랜 봉건사회 속에서 도덕 문화 정신 체계에 형성된 공자의 학설)을 타도하자라는 구호와 비판 정신이 꾸준히 이어졌다.

두 번째, 공자 비판의 목소리가 너무 커서 검은 먹구름이 성城을 가리듯이 모든 것을 삼킬 기세였다. 아버지는 이 같은 상황에서 공공의 적이 되는 것을 피하고 싶어하셨다. 들끓는 철판 위에서 허무하게 타버리지 않기 위해서는 잠시나마 피신해야 했다. —어떤 목적을 추구하는 것이 아니라 말 그대로 '피신'해야만 했다!—고난이 두려워서가 아니라 잠시만이라도 시간이 필요했기 때문이었다. 아버지는 『중국철학사신편』을 쓸 시간이 필요했다. 당시 아버지는 이미 운신조차 힘든 여든의 고령이셨다. 어머니가 말씀하신 대로 아버지가 그때 감옥에 들어갔다면 살아서 나올 수 없으셨을 것이다. 아버지의 피신 방법은 앵무새처럼 따라 말하기였다.

세 번째, 마오쩌둥의 영향도 있었다. 아버지는 봉건 의식이 몸에 밴 분이다. 문화대혁명 동안 비판 투쟁을 만나 구급된 아버지는 마오 주석의 한마디(대강의 뜻은, '유심唯心주의를 연구할 때는 펑유란 선생을 본받아라' 이다)로 고난 속에서 헤어 나올 수 있었다. 아버지도 마오 주석을 지기知己라고 생각하셨다. 다행히 자아를 회복하여 마오쩌둥에 대한 엄밀한 역사적 평가도 내리셨다. 『중국철학사신편』 제7권에서 "마오쩌둥은 감히 누구도 흉내 낼 수 없는 업적을 쌓았으나 동시에 누구도 범할 수 없는 과오를 저질렀다"라고 기술하신 것이다. 당시에 아버지는 여전히 사상개조 중이라 이런 생각을 할 수도 없는 상황이었다. 마오쩌둥에게 호소한 것은 아버지 자신에게 따라하라고 스스로 설득한 것이다.

아버지가 공자를 비판하신 일에 대해 나는 내 생각을 말할 책임이 있다고 생각한다.

우선 이른바 장칭江靑[중국의 여성 정치가. 마오쩌둥의 세 번째 부인. 마오가 죽은 해인 1976년까지 강력한 영향력을 행사했다] 문제는 사실이 아니다. 이에 관한 모든 비판과 질책은 왜곡에 기인한다. 즉 몇 개의 시 구절을 곡해하여 억지로 뒤집어씌운 것이다. 이런 수법은 사실상 문자옥文字獄이다.

정치 운동의 광풍이 수년간 몰아치면서 과거 우리 집에는 사람들이 별로 왕래하지 않아 바깥소식도 잘 알 수 없었다. 장칭은

褒獎狀

馮友蘭先生在中國歷
史博物館建館期間將
歷年收集的明清時代
兵器二百四十九件捐獻
國家以供中國歷史博
物館的陳列化私為公
表現了愛國主義的熱
情特此表揚

中華人民共和國文化部
部長沈雁冰

一九六〇年二月六日

1960년 2월, 문화부장(관) 선옌빙沈雁冰이 수여한 표창장

1960년대, 부인과 함께 이허위안에서 목련꽃을 감상하다가 기념 촬영

마오 주석의 부인이고 정치국 위원이었기 때문에 대외 활동은 자연히 마오쩌둥을 대변하는 활동과 마찬가지였다. 장칭이 어떻게 해서 부인에서 정치국 중앙위원으로 변신했는지 우리는 모른다. 다만 후대에서 밝혀주기를 바랄 뿐이다. 1973년에 마오쩌둥의 지시로 아버지는 두 학교가 연합한 대규모 비판단圈에 보내졌다. 아버지가 『삼송당자서三松堂自序』에서 분명히 말했듯이 이 같은 일은 자아비판을 위해 티베트나 신장新疆에 보내지는 것과 마찬가지로 비참한 것이다. 나는 이 일에 대해서는 내막을 아는 분이 언젠가 진실을 말해주기를 바란다.

1976년, 베이징에 지진이 발생했다. 장칭은 지진 상황을 둘러보기 위해 베이징대학교를 방문했다. 저우페이위안周培源 선생이 장칭과 함께 우리 대피소로 왔다. 당시에 대피소 밖에는 수백 명의 학생이 '마오 주석 만세'를 소리 높여 외치고 있었다. 참으로 뜨거운 열기였다. 그때 사람들은 대부분 장칭을 마오쩌둥의 대리인이라고 생각했다.

아버지는 영사詠史[역사를 제재로 하여 개인의 회포를 토로한 시] 25수를 쓰셨는데, 그 중의 한 수는 무측천武則天(측천무후)에 대한 시였다.

1963년 11월 중국과학원 철학사회과학부 확대회의 기간에 마오쩌둥이 펑유
란 선생과 만나고 있다. 오른쪽이 당시 문화부장(관)인 저우양周揚

나는 학자는 겸손하고 성실하며 엄숙한 사람이라고 생각한다. 그런데 베이징에 온 뒤 내가 만난 학자들은 모두 이런 품성과는 거리가 멀었다. 그들은 배운 것 없고 교양도 없는, 우리 같은 청년과 똑같이 조급하고 경박하며 모난 사람으로서 우리보다 못할 때도 있었다. 그렇지만 나의 이상에 부합하는 분이 한 분 계셨는데, 바로 즈성(펑유란) 교수님이었다.

|

정차오쫑鄭朝宗

그런데 사람들은 이 시가 장칭을 치켜세운 것이라고 억지로 해석하지만 사실은 전혀 무관하다. 나는 지금도 무측천은 역사의 기인奇人이라고 생각한다. 오천 년 중국 역사에서 단 한 명뿐인 여황제이다. 어떤 사람들은 시의 본뜻을 왜곡하기를 좋아한다. 심지어 문장을 연구할 때 원문을 조작하여 자신의 생각에 억지로 끼워 맞추기까지 한다. 이 같은 왜곡은 비판이 아니라 분명히 해서는 안 되는 일이다.

근거 없는 비판을 받아도 아버지는 언제나 태연하셨다. 아버지가 돌아가신 뒤 나의 중편소설 『삼생석三生石』의 영문 번역자가 애도의 뜻을 전해왔다. 편지에서 그녀는 신문에서 아버지에 대해 "치열하게 살았지만 삶을 향유했으며 아무런 여한을 남기지 않았다"는 기사를 읽었다고 말했다. 이것이 아버지에 대한 평가였다. 아버지는 비가 그친 뒤 맑게 갠 하늘과 구름을 벗어난 달과 같이 기품 있는 분이셨다. 아버지는 "하늘을 우러러 한 점 부끄러움이 없이 자유롭게 비상飛翔"하신 분이었다. 말년에 아버지는 어떤 회의에도 참가하지 않았는데, 몸이 불편하기도 했지만 모든 것을 초월했기 때문에 '글을 쓸수록 자유로워지는' 마음의 경지를 즐기고 계셨다. 진晉나라 사람들은 옷을 입기도 귀찮아했다

1944년 5월, 중국을 방문한 인도 학자인 로라단레리슨羅拉丹瑞盛 남작과 동행한 이들과 함께

펑유란의 유품

고 하는데 아버지는 당시에 세상을 겪으면서 의복을 챙기는 것도 마다하셨다. 하물며 회의는 더 말할 것도 없었을 것이다.

이처럼 오랜 시련을 겪으며 내가 얻은 결론이 있다면 우리는 자신의 머리로 생각해내는 사람이 필요하다는 것이다. 많지 않은 철학자들, 그들 사고의 자유를 존중해야 한다. 철학자는 지혜를 숭상하는 사람이다. 사람들이 사상을 사랑하고 인류가 올바른 사상으로 지혜롭게 실천한다면 물질에 대한 집착과 천박한 욕심도 줄어들지 않을까? 아버지는 열악한 사회 분위기 속에서 빙학憑學[마치 귀신들린 것처럼 주변 상황은 아랑곳없이 철학에만 파고들었다는 의미로 보임]을 수립하였다. 시간은 흘러가지만 나는 후대의 연구자들이 아버지의 빙학에 새로운 의미를 더해줄 것이라고 믿는다. 사상을 사랑하는 정신은 인류의 보편적 정신으로 발현되어야 한다. 이것이 아버지가 말한 추상적 계승이 아닐까?

아버지는 조국에 대한 무한한 애정을 중국 문화에 대한 사랑으로 표현하셨다. 아버지는 또 고향과 주변의 모든 것에 친근함을 표하셨다. 아버지는 재난이 끊이지 않던 허난의 산하山河를 사

쿤밍 시난연합대(현 윈난사범대) 교정의 시난연합대 기념비

랑했고, 베이징의 종루鐘樓와 고루鼓樓[커다란 북을 단 누각]를 사랑하셨다. 베이징대학교와 칭화대학교의 교정을 아끼셔서 학교의 정자와 누각에 자신만의 이름을 다 지어놓으셨다. 아버지는 삶을 사랑하셨다. 아버지의 사랑은 '애국주의'라는 말로도 함축하기 힘들다. 그 사랑은 뉴욕의 허드슨 강이나 프랑스의 센 강을 사랑할 수도 있는 보편적인 사랑이다. 인류와 평화를 사랑하는 아름다운 마음이 아버지가 남긴 모든 업적을 가능하게 만든 힘이었다.

1947년, 하와이대학교 에임스Ames 교수 집에 초대받아서

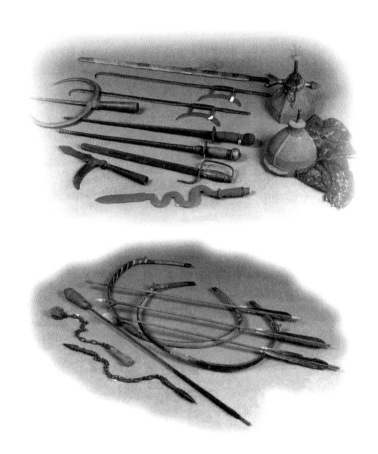

중국역사박물관이 건립될 당시에 펑유란 선생은 자신이 수집해온 명청明清 시대의 병기 249점을 국가에 기증했다. 사진은 기증품의 일부

1941년 4월 칭화대학교 개교기념일에, 시난연합대 공과대학 스시施西회관에서 주요 인사들과 기념 촬영. 왼쪽부터 스자양施嘉揚(공과대학장 겸 연합대 공과대학장), 판광단(교무처장), 천다이쑨(법과대학장), 메이이치(총장 겸 연합대 교무위원회 상임위원), 우여우쉰吳有訓(이과대학장 겸 연합대 이과대학장), 펑유란(문학대학장 겸 연합대 문과대학장), 예치쑨(연구위원회 주석)

7 빈집에 도착하는 편지

지난 세월 동안 늘 12월 초만 되면 아버지의 생신을 축하하는 편지나 카드를 받았다. 어느 해든 같은 날에 소식을 보내는 사람은 아버지의 오랜 친구이며 두 권으로 된 『중국철학사』를 영어로 번역한 더크 보드 선생이다. 중국어로 쓰인 몇 글자만 읽어봐도 그분의 편지임을 알 수 있었다. 12월 10일 무렵이면 새해를 축하하는 화려한 연하장이 날아들기 시작한다. 식구들은 누가 받은 연하장이 더 많은지 내기를 하기도 한다. "올해 내가 가장 먼저 받았다.""누가 그래! 난 어제 받았는데." 나는 집 앞을 지나는 사람도 들을 만큼 축하 카드에 적힌 내용을 아버지에게 큰 소리로 읽어드렸다.

아버지가 돌아가신 지 여러 해가 흘렀다. 12월의 소란이 잠잠해지면 우편물은 많이 준다. 아버지가 돌아가셨으니 편지가 줄

어들어야겠지만 아직도 세계 도처에서 서신이 끊이지 않는다.

아버지가 세상을 떠나신 지 꼭 1년이 지난 12월 어느 날, 나는 철학과에서 몇 가지 일을 마치고 집에 돌아오면서 우편물을 한 무더기 들고 왔다.

우편물 중에 아버지에게 신년을 축하하는 음악 카드가 한 장 눈에 띄었다. 보낸 사람은 허베이수산河北水産학교의 러우전위樓震宇라는 학생이었다. 학생은 카드에서 '선생님께 존경하는 마음으로 아득히 먼 곳에서 보냅니다. 즐거운 새해에도 건강하게 장수하시기를 축원합니다'라고 썼다.

그해 첫 번째 명절 카드였다.

아버지가 돌아가신 후 우편함에서 아버지에게 온 첫 편지를 받았을 때, 그 슬프면서도 특별한 감정이 떠오른다. 편지는 영국의 학술 전문 출판사가 발행한 철학 및 의학도서 목록이었다. 이전 같으면 뜯어보지도 않았을 우편물이었는데, 이번에는 한참 살펴보고 난 뒤 아버지 서재에 들어가 큰 소리로 알려드려야겠다고 생각했다. 막 발걸음을 떼려는 순간 목청이 터지도록 외쳐봤자 아무도 들을 수 없다는 사실이 불현듯 떠올랐다.

한 나라에 철학이 없다면 웅장한 교회 안에 십자가가 없는 것과 같다. 겉만 번지르르하고 안은 허전할 것이다. 그 나라에 믿을 만한 신앙도 없고 존경할 만한 인물도 없기 때문이다.

|

헤겔

늘그막에 삼송당 정원에서 찍은 사진

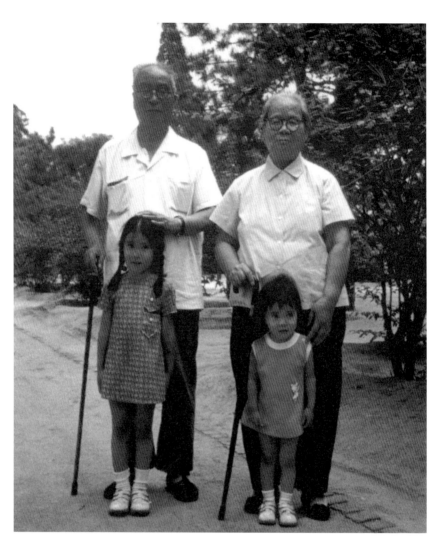

1970년대 초에 외국에서 찾아온 손녀들과 함께

나는 서서히 익숙해져갔다. 이미 다른 세상에 계신 아버지에게 온 편지를 살피는 일도 습관이 되었다. 대체로 편지를 꼼꼼히 보지 않았으나 가끔 아버지를 대신해 답장을 쓰기도 했다. 예를 들면 『삼송당전집三松堂全集』『중국철학사』『중국철학사신편』 등을 어디서 살 수 있는지 답장을 해야 했다. 대답은 하지만 이제는 살 수 없음을 잘 알면서도.

받은 우편물 중에는 생소한 단체나 출판사에서 초청한 것도 있고, 아버지와 관련이 없는 동문의 편지도 두 통 있었는데 왜 여기로 배달되었는지 모르겠다. 2년이 지나는 동안 세상에는 신문을 보지 않는 사람이 정말 많다는 것을 알게 되었다. 좋은 습관인지 어떤지는 모르겠지만 아마도 너무 바쁜 것이리라.

편지를 보낸 사람 중에 빈틈이 없는 사람도 당연히 있다. 아버지가 아니라 나에게 『중국철학사신편』의 판매처를 물어보는 사람도 있었다. 편지를 베이징대학교 철학과에 보내서 펑유란의 딸인 펑종푸님에게 전해달라고 적은 것이다. 또 다른 편지에는 내 주소를 몰라 '베이징대학교 펑유란 선생 기념관에서 전해주십시오'라고 쓰여 있었다. 착한 이 친구의 소원대로라면 당연히 있어야 한다고 생각하지만 있지도 않은 기념관을 당연히 있다고 믿고 있었다.

정원에 있는 소나무 세 그루는 여전히 푸르다. 이곳으로 사람들이 갑자기 몰려와 고인을 추모하고 기념 촬영도 한다. 이러다 보니 음악이 들리는 카드의 평범한 소리마저 세 그루 소나무 사이에서 맴도는 듯하다. 『삼송당전집』을 읽었던 사람들에게는 이곳이 작은 기념관이 될 수 있을 것이다.

내게는 아버지가 묻힌 곳이 기념관이다. 아버지의 시신을 안장할 때는 바로 동짓날이었다. 그날은 아침부터 눈이 흩날려 묘지를 하얗게 덮었다. 장례식에 참석했던 사람들이 모두 하얀 담요를 뒤집어쓴 것 같았다. 나는 모자는 벗을 필요가 없다고 말했지만 모자를 벗고 눈발이 날리는 대로 맞고 있었다. 흰 눈이 묘지를 덮자 한 청년이 맨손으로 묘비 위쪽의 눈을 쓸어내렸다. 내 기억에 그는 '영牖에서 영牖까지'라는 단체를 세우려고 열심히 활동하던 학생이다.

아버지의 묘비는 '펑유란 선생과 부인의 묘'라고 큰 글씨로 새겼다. 원래 가공이 전혀 없는 자연석을 쓰려고 했으나 의도와 달리 돌 앞면을 평평하게 다듬었으니 습관을 고치기란 쉽지 않은

평유란이 붓글씨로 쓴 삼송당 현판

1976년, 부인인 런짜이쿤 여사가 타계한 후 베이징대 도서관 앞에서 찍은 가족사진

가 보다.

커다란 돌은 비석도 아니고 기둥도 아닌 그저 돌로서 수많은 묘비 사이에 서 있다. 완안공원묘지로 들어와 왼쪽으로 돌아 인공산人工山을 지나면 볼 수 있다. 돌은 붉은색을 약간 띠어 푸른 소나무와 어울리는 것이 가장 좋다. 그러나 이런 돌은 없고 남은 것은 오랫동안 구멍을 매우지 않아 물기 남아 있는 것뿐이었다.

장다이녠 선생이 묘비 앞에 섰다. 그는 펑 선생은 평생 학문을 사랑하고 진리를 추구했으며, 시대와 함께 전진하였고 중국의 문화와 교육에 커다란 공헌을 했다고 말했다. 동시에 아버지를 위해 일상의 일을 모두 맡은 어머니에게도 경의를 표했다. 어머니가 수십 년 동안 집안일을 도맡지 않았다면 아버지가 그처럼 학문에 전념하기란 불가능했을 것이다.

나의 동생이며 항공기 설계 전문가인 펑중웨馮鐘越도 부모님과 함께 이곳에 묻혔다. 여기는 이미 떠나신 분들과 아직 살아 있는 사람 할 것 없이 남은 가족에게는 큰 위안이 되는 곳이다. 묘혈墓穴은 흙에 덮이고 찬바람에 꽃잎들이 오그라들었다. 본디 추위를 견디지 못하는 꽃이 추운 날 여기서 희생하고 있는 셈이다.

삼송당 정원

펑 선생의 묘비는 거대한 화강암으로 종푸가 디자인을 잘한 것 같다. 보통 사람들은 생전에 펑 선생을 '화강암 대가리'라고 놀렸다. 그러나 내 생각에 화강석은 중국의 학술사에서 선생의 지위를 상징하는 것 같다. 무게가 3만 근이나 되는 화강석을 범인凡人들이 어찌 알겠는가? 철인哲人은 언제나 고독할 뿐만 아니라 혼란의 중심에 서기도 한다. 그렇지만 이러한 혼란도 철인의 고독을 삼킬 수 없어 철인은 혼자 고독을 견뎌내어야 한다.

정오가 다가오자 나는 어쩔 수 없이 중국의 화강석으로 만든 묘비이자 금자탑 곁을 떠나야 했다.

|

펑이다이馮亦代

베이징 완안공원묘지에 안장된 펑유란 부부의 묘비

펑 선생을 초월할 수는 있지만 건너뛸 수는 없다. 이 말의 의미는 다음과 같다. 후세 사람들은 펑 선생을 압도할 수 있고 또 그렇게 해야 한다. 그러나 선생을 거치지 않고 돌아서 지나가는 것은 불가능하다.

|

리선즈李愼之

눈발 속에 사람들이 엄숙하게 서서 펑 선생에게 영원한 이별을 고하고 있다.

1970년대의 펑유란 부부

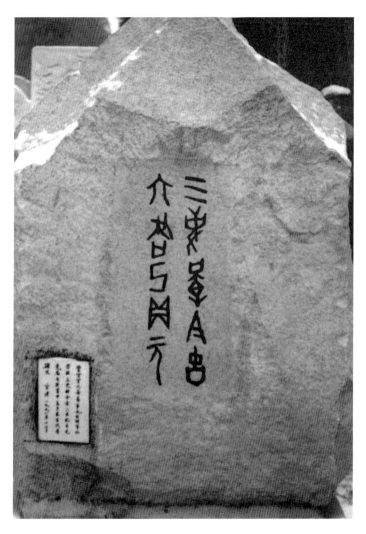

묘비 뒷면에는 전서篆書로 "삼사에서 고금의 철학을 해석하고, 육서로 신이학의 체계를 세웠다[三史釋今古 六書紀貞元]"라고 기록했다. '삼사'는 선생의 저서인 『중국철학사』 『중국철학소사』 『중국철학사신편』이고 '육서'는 『신이학』 『신사론』 『신세훈新世訓』 『신원인』 『신원도新原道』 『신지언新知言』이다.

그러나 부모님은 깊은 곳에서 더 이상 춥지 않을 것이다!

고인이 된 아버지의 97세 생신에 가족이 함께 성묘했다. 먼저 묘비를 깨끗이 닦고 붉은 장미를 몇 송이 올렸다. 장미는 묘지에서 혼자 붉어서 어슴푸레한 곳에서도 유난히 눈에 띈다.

고요한 겨울의 묘지! 멀리서 맑게 들리는 돌 쪼는 소리는 묘지 안쪽을 더욱 적막에 빠져들게 한다. 그러나 커다란 묘비는 정적과 추위에도 묵묵하게 버티고 서 있다.

우리는 묘지 앞에 서서 고요함에 빠져들었다.

아버지가 돌아가신 지 1년 후의 청명절淸明節[양력으로 4월 5~6일경] 무렵에 내내 날이 궂었다. 우리는 청명절 이튿날 묘지에 왔다. 평소에는 지극히 조용하던 곳이 시장처럼 부산하고 성묘 온 사람들은 비석과 비석 사이를 왔다 갔다 했다. 또 많은 사람이 납골당에 안치된 유골함을 들고 나와 돌 탁자에 놓고 잠시 함께 앉아 있기도 했다. 하늘이 잔뜩 흐리고 비가 오락가락했다. 변덕스런 날씨와 달리 잔디는 푸르기만 하다. 여러 묘지 앞에 놓인 생화나 화분, 꽃바구니, 화환도 더욱 생기 있게 보였다. 아름다움을 뽐내는 꽃잎과 우중충한 회색 하늘이 강렬한 대비를 이루었다. 부모님의 묘지 옆에 있는 무덤은 큼지막한 비석 위에 자손의 이름을 많이 새겼다. 부유한 집안인 것 같았다. 묘 앞에 커다란 꽃바구니를 좌우에 놓고 보라색 비단 끈을 살짝 늘여놓았다. 그 앞을 지나가려고 하니 마음이 썩 편치 않았다. 우리들은 성묘가 늦은데다 가져온 꽃도 너무 적었다. 커다란 비석 앞이 텅 빈 것 같았다. 그러나 우리는 전혀 외롭지 않다는 사실을 금방 알았다.

조그마한 소래풀二月蘭(제비냉이) 한 다발이 묘지석에 놓여 있었다. 소래풀은 베이징 변두리 어디에서나 흔하게 볼 수 있는 들풀인데, 그날은 어떤 화환보다 예뻤다. 누군가 조문하고 간 것이리라. 누구였을까? 묘지를 다녀간 사람은. 아버지의 친구? 학생? 독자? 아마 영원히 알 수 없으리라.

소래풀을 건드리지 않으려고 조심스레 가져온 꽃을 올렸다.

아버지를 추모하며 말없이 서 있는데 돌 깨는 소리가 간간이 청아하게 울렸다.

우리들의 바람은 하나이다. 모두 평안하기를.

철인은 이미 갔어도 삼송三松은 여전하다. 세월은 붙잡을 수 없지만 아버지를 그리워하는 마음은 영원하며 항상 새로울 것이다.

1990년 12월 3일, 펑유란 선생의 평생 저서 전람회가 베이징대학교 도서관에서 열렸다. 사진은 장남 중랴오, 딸 종푸

1960년대에 부인과 함께 샹산香山에서

이 책을 위해 노고를 아끼지 않은 리후이 선생에게 감사하고, 여백을 채워준 글의 원저자들에게 감사하며, 아버지를 기억하고 추억하는 모든 이에게 감사를 드립니다.

펑유란 사상의 한국 소개

나와 펑유란의 『중국철학사』

정인재 서강대 철학과 명예교수

출판사로부터 펑유란 선생님에 관한 이야기를 써달라는 부탁을 받고 기억 속에 남겨진 긴 시간을 여행하게 되었다. 어쩌다보니 나는 한국에서 동양철학 제2세대가 되어 1세대인 나의 스승들을 생각하지 않을 수 없었다.

지금으로부터(2011) 50년 전 고려대학교 철학과에 신입생으로 입학(1961)하면서 나는 우암 김경탁 선생님으로부터 중국어를 배운 것(전교 수강생이 5명이었는데 철학과 1명, 사학과 2명, 국문학과 2명이었다)이 동양철학을 전공하려는 마음을 확고하게 만드는 계기가 되었다.

1962년 경로卿輅 이상은 선생으로부터 중국철학사 강의를 들었다. 수강신청을 할 때는 「가고파」의 시인 이은상 선생을 잘못 인쇄한 줄 알았다. 그러나 그것은 너무도 큰 잘못이었음을 강의를 들으면서 알게 되었다.

이상은 선생님은 펑유란의 『중국철학사』를 제일 먼저 소개하시고 조셉 니덤의 영문 저서도 참고도서로 알려주시는 것을 잊지 않으셨다. 수강할 때 동양철학은 사서오경을 배우는 줄 알았는데 공자, 맹자에 이어 생판 듣도 보도 못한 순자도 열심히 강의하셔서 당시에는 매우 이상한 생각이 들었다. 그러나 알고 보니 나는 경학이 아닌 철학을 처음부터 체계적으로 수강하였던 것이다. 즉 전통 방식이 아닌 현대 학문 방법으로서 중국철학사를 배웠던 것이다. 지금 생각하니 참으로 행운이었다. 이상은 선생은 일제강점기의 강압통치를 싫어하셔서 중학교 때부터 중국에서 공부한 뒤 북경대 철학과에서 수학하면서 당시의 새로운 철학 학풍을 받아들이셨다고 한다. 후스胡適의 철학 강의와 펑유란의 중국철학사로부터 직접적인 영향을 받았으며 모우쫑싼牟宗三 선생과도 가깝게 지냈다고 한다.

이러한 철학정신을 자신이 저술한 『중국철학사』를 바탕으로 우리에게 강의하신 것이다. 이상은 선생은 1950년대 중반부터 펑유란의 『신원도新原道』를 동양철학 전공자들과 함께 읽은 적이 있다고 한다. 그러니까 펑유란의 철학은 이상은 선생이 우리나

라에 처음 소개한 셈이다. 물론 김경탁 선생도 치엔무錢穆의 중국
사상사를 대본으로 하여 『중국철학사상사』를 번안(1955)하셨는
데 그때 펑유란의 『중국철학사』를 참고로 했다고 서문에 쓰고 있
다. 나는 이 두 스승으로부터 일찍이 펑유란의 『중국철학사』를
알게 되었다. 군 복무를 마치고 1965년에 복학하여 또다시 이상
은 선생의 강의를 들었다. 당시 선생님은 펑유란의 『중국철학사』
원전을 책상에 두고 강의하기도 하셨다.

　　1968년 대학원에 입학했다. 동서철학 전공 모두 합하여 나 혼
자 강의를 들어야 했다. 신일철 선생의 배려로 처음 자리를 만든
교양철학 조교를 병행하면서, 김경탁 선생의 중국철학 강좌 시
간에는 매주 펑유란의 한문본 『중국철학사』의 불교 부분을 읽고
발표를 해야 했다. 박희성 선생은 루이스C. I. Luis의 타자본 영문
강독을 하였으며 전원배 선생은 란트그레베의 『철학의 현재
Gegenwart der Philosophie』를 매주 강독하였다. 독어강독 수업은 수강
생이 하나뿐이기 때문에 혼자 준비하지 않으면 3시간을 버틸 수
없었다. 전원배 선생은 독일어 강독 준비를 그런대로 해나가는
것을 보고 왜 서양철학을 놔두고 중국철학을 선택했는가를 물어
보시기도 하였다. 이렇게 석사과정 동안 동양철학 한 과목에 서

양철학 두 과목을 수강하면서 동서철학에 대한 이해를 넓혀갔다.

1970년 여름, 5학기 만에 「맹자의 천天에 대한 고찰」로 석사논문을 완성하였다. 김경탁 선생의 자상한 지도와 신일철 선생의 논문 작성법 그리고 최동희 선생의 조언대로 고증에 문제가 없는 맹자를 택했다. '천'에 대한 관심은 유아 영세를 받는 천주교 집안에서 자라나서 성당에서 늘 하느님에 대하여 이야기를 들은 데서 나온 것이었다. 동양에서는 하느님을 어떻게 생각하는가에 대한 궁금증에서 맹자의 천天을 논문의 주제로 택했다. 논문을 쓸 때도 펑유란의 '천'에 관한 다섯 가지 견해(물질의 천, 주재의 천, 운명의 천, 자연의 천, 의리의 천)를 절대적으로 받아들이면서 다른 중국 철학자들, 예를 들면 탕쥔이唐君毅 같은 현대 신유학자의 견해를 참고했다. 당시 나는 펑유란의 견해가 중국철학 전체를 대표하는 줄 알았다. 물론 중국철학 원론을 통하여 탕쥔이의 견해도 조금 접하기는 했지만 너무 방대해서 이해가 미치지 못했다.

교양철학 조교를 하는 동안 나는 신일철 선생의 철학강의를 3년 동안 들었다. 선생님은 그리스 철학에서부터 헤겔에 이르기까지 주로 문제 중심으로 학생들이 이해하기 쉽게 강의를 하셨다. 덕분에 서양철학의 주요 흐름과 내용을 잘 알 수 있었다. 게다가 나는 건방지게도 1학년 학생들에게 영어로 간략하게 소개한 서양철학사를 아침 8시부터 9시까지 강독해주기도 했다. 이런 것들이 자산이 되어 타이완에 유학가기 전 서라벌대학과 고려대학에서 철학 강의를 하는 데 어려움이 없었으며, 귀국하고 나서 영남대, 중앙대, 서강대에서 철학개론을 강의할 때도 큰 도움이 되었다.

대학원에서 동양철학 석사학위를 받았으나 중국철학에 대해서 내가 배운 것은 이상은 선생께 들은 공자, 맹자, 순자, 주자 등과 김경탁 선생께 들은 노자, 장자 정도였다. 중국철학사 전체를 서양철학의 흐름처럼 환하게 알고 싶었다. 그러나 마땅한 교재가 없었다. 1962년에 후스의 『중국고대철학사』의 번역이 나왔으나 고대철학에 그치고 말았던 것이다.

하는 수 없이 원전을 읽어야 하는데 펑유란의 『중국철학사』 상·하권은 너무 두껍고 원문의 인용이 많아 당시 내 한문 실력으로는 접근하기 어려웠다. 영어 실력은 없지만 나에겐 그래도 영문이 편했다. *A Short History of Chinese Philosophy*를 보니 전체의 맥락을 알 수 있어 번역에 착수했다. 우선 대학 노트 30권을 사서 권마다 철학자 한 사람씩을 할당해서 번역을 해나갔다. 영어에서 인용한 원문은 중문으로 된 『중국철학사』 상·하권에서 찾아 넣었다. 그렇게 되니 영문 직역투의 냄새가 많이 사라졌다.

그런 과정에서 영문 표현과 한문의 차이점을 발견하기도 했다. 예를 들면 신도가 부분의 왕자유王子猷는 눈이 수북이 내린 어느 날 친구 대안도戴安道가 생각이 나서 조그만 배를 타고 그곳에 갔다 밤새도록 걸려 바야흐로 그 집 문 앞에 도착하려는 순간 들어가지 않고 되돌아왔다. 사람들이 그 까닭을 물으니 영문에는 "I came on the impulse of my pleasure and now it is ended so I go back"이라고 되어 있다. 그런데 한문은 "吾本乘興而行 興盡而反 何必見戴?[나는 본래 흥에 겨워 갔다가 흥이 다하여 돌아왔는데 반드시 대안도를 만날 필요가 있겠는가?]"라고 되어 있다. '흥겹다'를 영어는 '쾌락의 충동'이라고 표현했던 것이다. 한문을 참조하지 않았으면 영어대로 직역할 뻔했다. 또 노자철학 장을 번역할 때 노자의 "doing nothing"은 무위로 번역했는데 "doing for nothing"은 '대가 없는 행위'로 번역했다. 학위논문을 쓰면서 나는 한문의 '써 이以' 자의 용법을 터득하게 되었다. 그 이후 doing for nothing는 '무이위無以爲'라는 것을 깨닫게 된 것이다. 그리고 불교철학을 잘 알지 못했을 때는 펑유란이 불교가 들어오기 전의 심心은 소문자 "mind"로 표기하고 불교 이후의 심心은 대문자 "Mind"로 표기해야 한다고 한 말이 무슨 뜻인지 명확히 알지 못했다. 그러나 전자는 몸과 함께 있는 심신일여의 '심'이요, 후자의 '심'은 불교의 일체유심조一切唯心造의 영향 아래 있는 장횡거의 대심大心이며 육상산이 말한 우주의 '심'이라는 것을 이해하게 되었다.

영어만 안다고 다 번역되는 것이 아니라 중국어를 알아야 중국 발음으로 적힌 인명, 지명, 서명 등을 정확하게 옮길 수 있는 것이다. 그 당시 어떤 언론인이 주 차이Chu Chai의 영문 저서 *A Story of Chinese Philosophy*를 '빛은 동방에서'라는 제목으로 번역했다. 그는 우리가 흔히 아는 공자, 맹자는 영문 표기대로 콘푸시우스Confucius, 맨시우스Mencius라고 번역하지는 않았다. 그런데 중국어 발음의 한자 원문을 몰랐던지 열자列子를 "리에쭈"라 하고 곽상郭象을 "쿠어시앙"이라고 번역한 것을 본 적이 있다. 다행히도 나는 대학교 1~2학년 때 김경탁 선생으로부터 배운 중

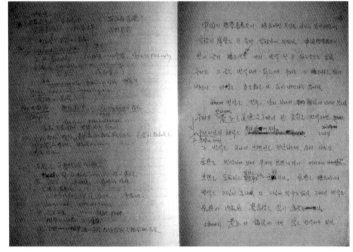

『중국철학사』 번역으로 빼곡하게 채워진 대학노트 28권을 필자는 아직 보관하고 있다.

국어 덕분에 그런 번역을 피할 수 있었다.

매일 『중국철학사』와 씨름하면서 조금씩 중국철학사 전모를 파악한다는 것이 너무도 즐거웠다. 1년 만에 대학노트 28권이 채워졌다. 그러나 제22장 '선禪: 침묵의 철학' 은 중국어 원본『중국철학사』와 달리 선종을 소개하는 글이었는데 그 원문을 찾아 넣을 수 없었다. 앞의 『육조단경』은 알겠는데 뒤에서 인용한 Ku-tsun-hsu Yu-lu는 무슨 책인지 도무지 알 길이 없었다. 포기하는 수밖에 없었다.

대학원 석사과정을 마치고 타이완에 갈 기회가 왔다. 당시 외국에 나가려면 유학자격시험을 반드시 치러야만 했다. 떨어지면 좋은 기회를 살릴 방도가 없었다. 1971년 나는 우선 중국어 시험을 보려고 동숭동에 있던 서울대 문리대에 원서 접수를 하러 갔다. 그때 한 아가씨가 원서 접수를 같이 하게 되었다. 홍익대 동양화과 졸업생인 그녀는 타이완대학 사학과에 미술사조를 전공으로 지원하여 필자와 유학시험을 같이 보게 된 것이다. 그녀는 지금의 40년 동반자가 되었다.

우리는 1972년 봄에 결혼했으나 혼인신고는 타이완에 가 있던 가을에 아버님께서 동회에 가서 하셨다. 당시에는 부부가 같이 해외에 나갈 수 없었기 때문이다. 그리고 달러가 귀해 한 사람당 100달러만 가져갈 수 있었다. 우리는 200달러를 가지고 장학금이 나올 때까지 버텨야 했다. 1972년 8월 우리는 같은 비행기를 타고 가면서 서로 약속했다. 첫째 박사학위를 받을 때까지 귀국하지 않겠다. 둘째 술을 마시지 않겠다. 셋째 한 사람만 바라보고 한눈팔지 않겠다는 세 가지였다. 나는 1977년 겨울, 학위를 마치고 영남대학교 조교수로 부임하기 위한 준비 서류를 갖추기 위하여 귀국할 때까지 약속을 어기지 않았다.

1972년 9월 문화대학 삼민주의연구소 철학조 박사반에 입학했다. 당시 타이완에는 철학과에 박사반을 개설한 곳은 보인대학밖에 없었다. 타이완대학도 석사과정만 있었고 문화대학도 마찬가지였다. 박사반에 가려면 철학조밖에 없었다. 타이완 철학계에서 명성을 날리는 왕빵숑王邦雄도 나와 함께 철학조에서 우징숑吳經熊, 시에유웨이謝有緯 교수 등의 강의를 같이 들었다. 김충렬 교수도 일찍이 대만대학 철학과에서 학사·석사를 마치고 귀국하여 교수를 역임한 뒤에 고려대 교수로 재직하면서 문화대학 철학조에서 천인합일 연구로 박사학위를 받았다(1975). 나는 천리부陳立夫 교수의 지도 아래 '맹자심학지연구'로 박사학위를 받

타이페이에 있는 광문서국에서 우연히 발견한 뒤 구입했던 『고전숙어록』

았다(1977). 석·박사 모두 맹자를 연구한 것이다. 심학心學에 대한 연구는 원래 양명학에 대한 관심에서 생긴 것이었는데 먼저 그 원류를 찾아보려는 심산이었다.

어느 날 타이페이에 있는 쌍엽서점雙葉書店엘 갔더니 복사판 *A Short History of Chinese Philosophy*가 눈에 띄었다. 한국에서 들고 온 번역한 대학노트 28권과 원서가 있었지만 반공국가인 타이완에서 대륙 학자의 저서가 판매된다는 것이 신기해 구입했다. 그리고 며칠 있다가 타이페이에 있는 광문서국廣文書局에 가서 서가를 둘러보는 순간 나의 눈에 분명히 꽂히는 책이 하나 있었다. 그렇게 찾고자 했던 『고전숙어록古尊宿語錄』[Ku tsun-hsu Yu-lu] 상·하본이었다. 상당히 두꺼운 책이므로 책값도 만만하지 않았지만 무조건 사지 않을 수 없었다. 발걸음도 가볍게 뛸 듯이 집에 돌아와서 펑유란이 인용한 구절을 대조해보니 꼭 들어맞았다. 그때의 감격은 이루 형언할 수 없다.

물론 나는 타이완에 갈 때 28권 대학노트에 번역한 중국철학사를 가지고 갔다. 선종 부분에다 원문을 찾아 넣고 다시 읽어보았다 주4에서 주19까지 그렇게 애타게 찾았던 구절들이 하나하나 나에게 다가왔다. 우징슝吳經熊의 '선학의 황금시대' 강좌를 수강해 선禪에 대해 더 깊은 이해를 할 수 있었다.

펑유란의 영문판 『중국철학사』는 한문 원전을 찾아 넣었지만 영어 직역투의 문장이 여전히 남아 있었다. 그것은 타이완에 잠시 머무르던 장익 신부님(현 춘천교구 대주교)을 만나고 나서 달라졌다. 그분과 매주 한 번씩 타이페이 시내에 있는 경신문경원耕新文經院에 가서 번역 원고를 읽었다. 장 신부님은 해당 문장의 영문 원전을 보며 한글 표현을 바로잡아주셨다. 이러한 교정을 거쳐 『중국철학사』 1~10장은 비로소 한글답게 된 것이다.

1975년 김충렬 선생이 박사학위 논문을 준비하기 위해 문화대학 쌍계신촌 숙소에 머물렀다. 우연히 펑유란의 『중국철학사』 이야기를 했더니 그가 한국에서 출판할 수 있다고 하는 게 아닌가? 그때부터 대학노트를 원고지에 옮기는 작업을 했다. 여러 사람의 신세를 졌지만 주로 조복례와 김종박이 열심히 나를 도와 옮기는 수고를 했다. 이를 계기로 두 사람은 우리 집에서 약혼식을 하고 나중에 귀국하여 결혼도 했다. 간접적으로 펑유란 선생이 맺어준 인연이기도 하다.

작업이 한창일 때 펑유란의 『중국철학사료집』을 타이완의 어느 친구가 빌려줘서 복사할 수 있었다. 나는 그것을 번역하여

『중국철학사』에 등장하는 철학자마다 자료를 덧붙였다. 이렇게 두 저서를 하나로 만들어서 보냈다. 그러나 귀국하여 보니 두 개의 책으로 되어 있었다. 사료집은 인기가 없어 재판에 그치고 말았지만 『중국철학사』는 1977년 초판 이래 매년 재쇄를 찍었다. 5년 동안 나에겐 인세가 없었다. 당시 원고를 아주 헐값에 출판사에 넘겼는데 박사반 학생이고 무명이라고 하여 4분의 1 값만 받은 것이다. 그러나 국내에서는 볼만한 중국철학사가 없어서 장안의 지가를 올렸다고 한다. 학위를 마치고 귀국한 뒤에 각종 철학학회에 가서 인사를 하면 타이완에서 무엇을 가지고 학위를 했는지 물어보지 않고 "아! 펑유란 철학사 번역한 분이군요"라고 반갑게 맞아주던 기억이 생생하다. 펑유란이란 천리마로 인하여 덩달아 이름이 알려진 셈이다. 5년 뒤에 이곳저곳 손질하고 당시 철학과 학부생이었던 정병석 군(현 영남대 교수, 주역학회 회장)이 중국철학사 색인을 만들어 모양을 갖춘 뒤에야 나에게 판권이 돌아왔다.

1980년대 중반 한글세대가 늘어가면서 국한문 혼용으로 된 중국철학사는 점점 읽기 어려운 책이 되었다. 1984년 서강대로 자리를 옮기면서 한글판 『중국철학사』를 만들기로 결심했다. 그

왼쪽부터 순서대로 *A Short History of Chinese Philosophy*의 영문판 원서,
한국어판, 중국어판, 한국어 첫번째 개정판, 두번째 개정판.

때 마침 임은경이 철학과를 졸업하고 대학원 사학과에 재학하고 있었다(1989). 나의 마음을 헤아렸는지 그는 『중국철학사』 전체를 타자로 쳐서 주었다. 그런데 한글판이라 하여 한자를 한글로 바꾸면 다 되는 것은 아니었다. 묵자의 겸애사상에서 겸兼과 별別을 어떻게 바꿀까 고민하다가 겸은 '함께'로 별은 '따로'라고 번역하였다. 그렇게 한글세대에 다가가려고 노력했다.

1986년 미국 보스턴에 계신 장순 선생으로부터 연락이 왔다. 대륙을 방문하는데 펑유란 선생도 만나려고 한다는 소식이었다. 나는 『중국철학사』와 『중국철학사료집』을 그 편에 펑유란 선생께 보냈다. 장순 선생이 귀국하시면서 매우 중요한 선물을 가지고 오셨다. 펑유란 선생이 나에게 직접 서명한 저서를 보내온 것이다. 제자 투이우쫭涂又光이 *A Short History of Chinese Philosophy*를 중국어로 번역한 『중국철학간사中國哲學簡史』(1985)다. 첫 장 빈 곳에 펜으로 한 서명이 있었는데, 이미 시력을 거의 잃어 쓰다가 화이트로 지우고 다시 쓴 글씨였다. 너무도 귀중한 책을 나는 보물로 간직하고 있다.

펑유란의 『중국철학사』는 중국철학 전공자뿐만 아니라 다른 전공 학생들에게도 읽히기 시작했다. 1992년 한국 삼련서점三聯

書店 책임자에게서 전화가 왔다. 펑유란의 『중국현대철학사』가 홍콩에서 출간되었는데 번역을 하지 않겠느냐는 것이었다. 이 책은 사실 펑유란의 말년 저작인 『중국철학사신편中國哲學史新編』 (전7권)의 마지막 권이다. 그런데 책 내용 가운데 마오쩌둥에 대하여 문화대혁명을 일으킨 극좌주의라고 비판한 글이 있어 대륙에서는 근대 이전까지 다룬 6권까지만 간행되고 현대를 다룬 7권은 금서가 된 것이다.

당시 중국 대륙 서적을 국내에 공급하는 서점은 삼련이 유일했다. 삼련서점은 출판도 겸하여 대륙의 저명 학자들의 저서도 내겠다는 계획을 세운 뒤 나에게 펑유란의 책을 부탁한 것이다. 나는 기꺼이 일을 맡은 뒤 다음 해인 1993년 번역 원고를 삼련 측에 넘겼다. 그러나 1년이 지나도 10년이 넘어도 감감무소식이었다. 이 책은 결국 이제이북스로 출판사를 옮겨 2006년에야 나올 수 있었다. 한글 번역본에는 저자의 원문에도 없는 펑유란 선생의 딸 종푸宗璞 여사의 글을 서문으로 하였다. 아버지를 생각하며 진솔하게 쓴 글이 독자들에게 감명을 주리라고 믿었기 때문이다. 그리고 사위 차이중더蔡仲德의 글을 마무리로 삼아 함께 실었다. 펑유란의 삶을 오해 없이 받아들이도록 하기 위해서였다.

풍우란이 직접 서명한 뒤 필자에서 선물한 『중국철학간사』의 표지(왼쪽)와 서명된 부분. 눈이 보이지 않아 비뚤비뚤 힘들게 써내려간 "인재仁在 선생先生 혜존惠存"과 옆에 화이트로 지운 부분(오른쪽)도 보인다.

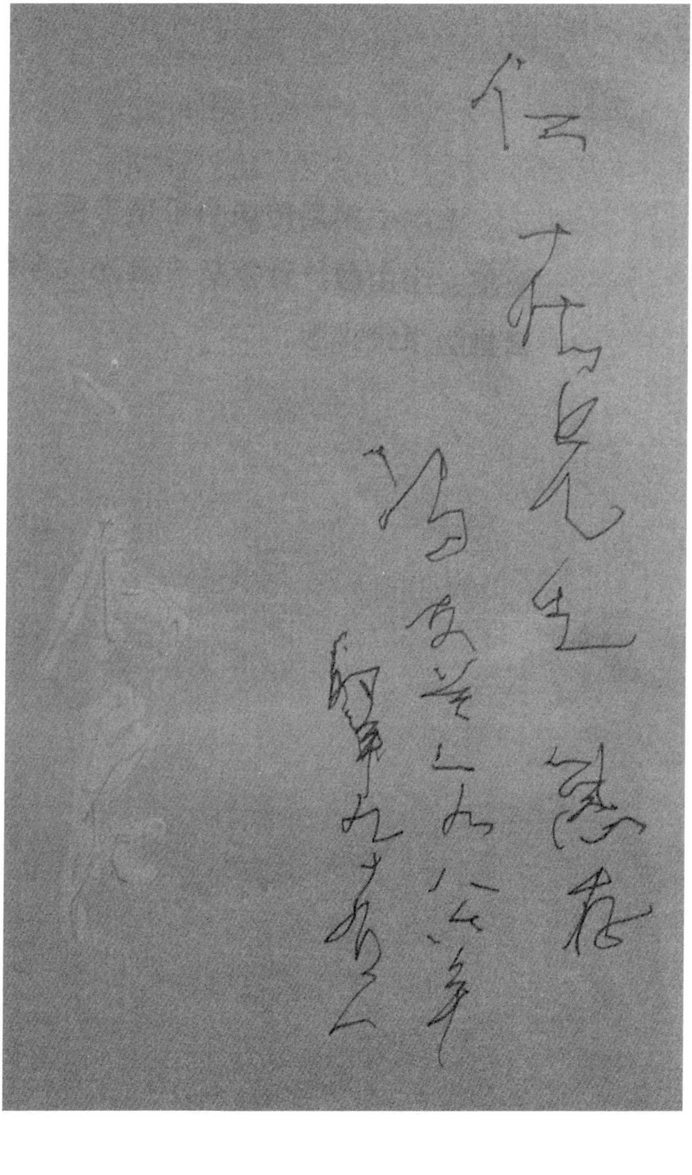

펑유란은 문화대혁명 당시 홍위병에 둘러싸여 자아비판을 하지 않을 수 없었다. 일생 동안 공자를 중국철학사의 시작으로 보고 공산주의 체제 아래에서도 여전히 유가의 정신을 지키고 있는 그를 정부가 가만히 둘 리가 없었다. 대중 앞에서 펑유란은 자신이 평생을 흠모해온 공자를 비판한 것이다. 타이완이나 홍콩 일각에서는 변절한 지식인이라고 비판의 화살을 늦추지 않았다. 그러나 펑유란은 다른 지식인들이 전부 고국을 버리고 떠나갈 때도 '철학자는 자기 땅에서 철학을 하지 않으면 자신의 철학이 나올 수 없다'는 입장을 굳게 지켰다. 타이완이나 해외로 나가는 것을 거절하고 대륙에 남아 그러한 수모를 당한 것이다.

우리나라와 중국이 정식으로 수교하기 1년 전인 1991년 나는 미국의 맥클린 교수 등과 함께 홍콩을 통해 대륙으로 가는 비자를 받아 베이징에서 열린 학술대회에 참석했다. 다산 정약용의 철학에 대한 글을 영문으로 준비해가서 발표한 나는 미국계 중국학자인 청중잉成中英을 비롯해 베이징대 젊은 교수들과도 대화를 나눴다. 분위기가 한껏 무르익은 뒤 어렵게 부탁의 말을 꺼내보았다. 베이징대 안에 있는 펑유란 선생 삼송당三松堂을 좀 둘러볼 수 있겠냐는 것이었다. 그들은 흔쾌히 길을 안내해줬다. 삼송당에 가자 따님과 사위가 옛 친구처럼 아주 반갑게 맞이해주었다. 한국어판 번역본을 통해 그들은 내 이름을 기억하고 있었던 것이다. 나는 응접실에 모셔둔 펑유란 선생의 영정에 묵념을 하고 영정 옆에서 사람들과 기념촬영을 했다. 그러자 두 분은 나를 펑유란 선생이 평소 집필하시던 방으로 안내해주었다. 이 방에서 세계적으로 저명한 철학이 탄생되었구나 생각하면서 둘러보았다. 1년만 일찍 찾아갔더라도 직접 뵐 수 있었을 거라 생각하니 아쉬움이 끝이 없었다. 게다가 지난해 선생이 돌아가신 뒤 열린 기념 학술대회에 참석하라는 초청을 받고, 초고 논문을 거의 써놓고도 부득이한 사정으로 참석하지 못한 것이 새삼 마음에 걸렸다. 지금 생각해도 너무 죄송한 마음 금할 길 없다. 나보다 먼저 방문한 한국 교수들이 전하는 말에 따르면 펑유란 선생은 방문한 교수들에게 "정인재를 아느냐"고 물어보시곤 했다고 한다. 그러면 그들은 그리 잘 알지도 못하면서 "잘 안다"고 대답했다는 것이다.

1989년 처음으로 맞는 안식년에 나는 캐나다 토론토대학에 방문교수로 갔다가 도서관에 내가 번역한 펑유란의 『중국철학사』를 기증했다. 한국인들이 볼 수 있게 하기 위해서였다.

2000년 초에 다시 베이징에 갔을 때 시내 어느 서점에 진열된 『중국철학간사』가 눈에 들어왔다. 들춰보니 다양한 삽화와 함께 펑유란 선생이 더크보드와 함께 찍은 사진도 있었다. 이 책을 들고 한국에 돌아와서 삽화를 곁들인 한국어판 개정을 진행했다. 펑유란이 1930년대에 저술한 『중국철학사』 상·하권이 한국에서도 출판되어, 이와 구분하기 위하여 『간명한 중국철학사』라고 이름도 새로 달았다. 펑유란 선생의 따님과 사위가 생각나서 그쪽에서 인세를 조금이나마 받을 수 있도록 ISBN 판권이 있는 책으로 만들었다.

이렇게 세 번씩 같은 책을 번역하면서 펑유란은 중국철학사에서 불후의 업적을 남긴 사람이라는 점을 깊이 느끼게 되었다. 더구나 이 『간명한 중국철학사』는 펑유란이 철학사가로 남기보다는 철학자로 기억되기를 원한다고 하면서 『정원육서貞元六書』를 출간한 뒤에 자신의 철학을 토대로 하여 저술한 것이므로 그의 철학적 견해가 고스란히 남아 있는 명작이다. 책에서 펑유란은 원작자와 그 해석자를 구분하여 둘 다 철학사의 중요한 인물로 다루고 있다. 예를 들면 노자와 노자를 주석한 왕필을 구분하여 동등하게 철학사에서 논하고 있는 것이다. 이것은 펑유란의 철학사적 통견이 아니고는 할 수 없는 일이었다. 그리고 불교철학을 인도의 것으로만 보지 않고 중국화된 중국불교와 구분하여 서술한 점은 탁견이었다. 그 이후에 크고 작은 중국철학사가 많이 나왔지만, 관점은 달라도 펑유란 선생이 서술한 기본적인 틀에서 거의 벗어나지 못했다. 이것만 보아도 그의 선구적 업적이 갖는 비중을 알 수 있을 것이다.

정인재 교수는 고려대학교와 동대학원을 졸업하고 중국 문화대학교에서 철학박사 학위를 받았다. 중국 문화대학교 부교수를 역임했으며, 영남대학교와 서강대학교 교수직을 거쳤다. 현재는 정년퇴임 후 서강대학교 명예교수로 있다. 『중국 철학 개론』(공저)을 썼으며, 펑유란의 『중국철학사』를 비롯해 『중국인이 보는 삶의 지혜』 등 여러 책을 우리말로 옮겼다.

매우 오래된 것의 새로움

황희경 영산대 교수 · 중국철학

종푸宗璞 여사가 그의 아버지 펑유란을 회고한 이 짧은 책을 읽고 잔잔하지만 깊은 감동을 받았다. 나는 펑유란의 『중국철학사』를 읽고 중국철학의 세계에 입문하였지만 그의 삶에 대해서는 아는 바가 거의 없었다. 하지만 1980년대 말에 그의 자서전인 『삼송당자서三松堂自序』를 당시 대학로에 있던 중국 서점에서 우연히 구해 읽은 것을 계기로 그의 삶과 사상에 흥미를 느꼈다가 이런저런 인연으로 급기야 그의 철학사상을 주제로 뒤늦게 박사학위 논문을 썼다. 논문을 준비하는 와중에 1992년 중국에 갈 기회를 얻어 베이징에서 1년간 체류할 수 있었다. 베이징대학 구내를 산책하다가 우연히 들어가본 삼송당에서 종푸 여사를 잠시 만난 적이 있는데, 그녀가 건넨 명함에 아무런 직함도 없이 종푸라는 두 글자가 쓰여 있던 것은 아직도 기억에 새롭다. 나중에 안 일이지만 그녀 자신도 유명한 작가다.

이 책에서 나를 감동시키는 한편 부끄럽게 만든 한 구절은 펑유란이 딸에게 "나는 내가 해야 할 일을 모두 완수했다"라고 한 말이다. 이 구절을 읽으면서 나도 잠시 책을 덮고 생각에 잠겨보았다. 나는 내가 해야 할 일을 하고 있는 걸까? 내가 해야 하는 일은 또 뭔가? 그냥 바람에 날리는 휴지 조각처럼 정신없이 떠돌고 있는 것은 아닐까? 생각하면 할수록 부끄럽기 그지없는 일이다. 또 하나는 펑유란이 좋아했다는 당나라 이고李翱의 시다.

조용히 머물 곳을 골라 초야草野의 정을 즐기니 選得幽居愜野情

한 해가 다하도록 오는 이도 가는 이도 없다네 終年无送也无迎

어느 땐 외로운 봉우리에 바로 올라 有時直上孤峰頂

달 아래 구름을 두르고 크게 한 번 웃네 月下披雲笑一聲

이 책을 읽고 나도 당장 이 시를 사랑하게 되었다. 이 시를 읽으면서 나도 책을 덮고 근처 산에 올라 크게 한번 웃고 싶어지기도 했다.

펑유란은 중국 현대사의 격동기를 헤치며 온갖 환란을 어떻게 극복하였을까? 노년에 실명된 상태에서 한순간 한순간 차오르는 죽음을 참아내며[忍死須臾] 자신이 짊어진 역사적 사명을 어떻게 완수할 수 있었던 것일까? 그것은 이 책에서 종푸 여사가 잘 표현하고 있는 것처럼 유가儒家의 "안 되는 줄 알면서도 하는[知其不可而爲之]" 집착의 정신과, 앞서 언급한 시와 "구름은 푸른 하늘에 물은 물병에 있다네[雲在靑天水在甁]"라는 시에서 표현된 불가 혹은 도가의 초탈한 정신의 조화가 아닐까 한다.

이 책에 대한 독자들의 이해를 돕기 위해 풍우란의 삶과 사상에 대한 간단한 소개를 덧붙인다.

중국철학사 하면 펑유란馮友蘭(1895~1990)이 떠오르고 펑유란 하면 누구나 『중국철학사』(영어 제목은 *The short history of Chinese Philosophy*)를 먼저 기억할 것이다. 나도 그의 『중국철학사』를 통해 중국철학의 세계에 들어선 인연이 있다. 이 책은 그가 1947년 미국 펜실베이니아대학에서 중국철학사를 가르쳤던 강의안을 정리하여 그 이듬해에 미국의 맥밀란출판사에서 펴낸 것이다. 물론 영미권 독자를 위해 영어로 쓰인 것이다. 그 후 이 책은 여러 나라의 언어로 번역되어 중국철학을 공부하려면 제일 먼저 읽어야 할 필독서가 되었다. 우리말 번역본은 1977년에 '중국철학사'라는 제목으로 처음 출판된 이래 독자들의 사랑을 꾸준히 받고 있다. 다만 아쉬운 것은 이 책을 한국철학이나 중국철학의 입문서 정도로 여겨 나중에는 잘 읽지 않는 경향이 있다는 것이다. 번역이 잘못된 부분이 조금 있는 한계도 있다. 하지만 찬찬히 읽어보면 정말 간단한 책이 아님을 알 수 있을 것이다. 이 책은 이미 1931년과 1934년에 상권과 하권의 두꺼운 중국철학사(이 책의 우리말 번역본은 1999년에 출간되었다)를 저술하였던 펑유란이 자신의 철학인 '신리학新理學'의 체계를 이룬 이후 50대 초반이라는 인생의 전성기에 다시 완성한 중국철학사이다. 깊이 공부해서 쉽게 풀어낸다는 '심입천출深入淺出'이라는 말이 있지만 이 책만큼 이 말과 어울리는 책도 그리 많지 않을 것이다. 더욱이 그는 복잡한 사정을 간단하게 말할 수 있는 사람으로 유명하다.

이 책이 우리에게 다소 평가절하되는 데는 저자인 펑유란의 일생과 중국 현대사에 대한 이해가 부족한 것에도 원인이 있을 것이다. "그 사람의 그 글其人其文"이라는 말이 있지만 전쟁과 혁명으로 점철된 중국 격동의 현대사를 거의 한 세기에 걸쳐 살아냈던 펑유란의 삶을 이해하게 된다면 그의 글에 보다 더 흥미롭게 다가갈 수 있을 것이다.

　그는 1895년에 허난성 탕허현唐河縣 기의진祁儀鎭의 부유한 지식인 집안에서 태어났다. 그가 태어난 해는 의미심장하게도 바로 중일전쟁이 발발한 해로 중국은 이 전쟁에 패배하여 일본에 요동 반도 등을 할양하게 된다. 이후 그는 청말, 중화민국, 신중국에 걸쳐 근 100년 동안 중국 현대사의 격랑 속에서 파란만장한 삶을 살았다. 그의 집안은 100여 년에 걸쳐 그 지방에서 이름을 떨쳐온 명문 가문이었다. 진사 합격자 아버지에 고전에 조예가 있었던 어머니, 게다가 큰아버지와 삼촌까지 모두 수재秀才(생원)였던 데서도 알 수 있듯이 그는 묵향이 가득한 학자 집안에서 자라났다. 어린 시절 가숙에서 한학의 기초를 다진 후 1915년 베이징대학교 철학과에 입학한다. 유명한 5·4운동이 일어났을 때에는 그가 이미 대학을 졸업한 이후였다. 그러나 그가 재학 시절 신문화운동의 발원지였던 베이징대에는 이미 "산 비가 내리려니 누각에 바람이 가득하였다山雨欲來風滿樓」." 당연히 베이징대에서의 학창생활은 그에게 깊은 영향을 끼친다. 5·4운동을 전후로 한 시기는 중국과 서양의 문화가 격렬하게 충돌했던 때였다. 마르크시즘을 비롯한 서양의 각종 사조가 물밀듯이 밀려오는 한편

이에 대한 전통 사상의 반발도 거세었던 것이다. 과연 중국은 어디로 가야 하는가? 중국문화의 나아가야 할 길은 어디에 있는가? 전면적으로 서양을 받아들여야 하는가? 아니면 고유의 문화를 부흥시켜야 하는가? 이런 문제를 두고 격렬한 논쟁이 벌어지곤 하였다. 펑유란은 베이징대에 입학한 이후로 자신이 고민한 문제는 철학사를 중심으로 한 동서문화의 문제였다고 훗날 회고한 바가 있다. 그는 이 문제를 풀기 위해 1919년 미국의 컬럼비아대학으로 유학을 간다. 그는 여기서 몽테규와 존 듀이에게서 각각 신실재론neorealism(20세기 초 영국과 미국에서 주관적 관념론인 프래그머티즘 및 객관적 관념론인 신헤겔주의에 반대한 사상 조류)과 프래그머티즘을 사사한다. 당시 중국 사상계에는 베르그송의 생명철학이 유행했기 때문에 펑유란은 중국에 베르그송 사상을 소개하는 글을 쓰기도 한다. 또한 "중국에 왜 과학이 없었는가" 하는 문제에 대해 베르그송 사상을 운용하여 중국이 과학을 발전시킬 수 없었던 것이 아니라 하지 않았다고 주장하기도 했다. 중국철학은 인간 품성의 수양이라는 향내적向內的 추구를 하였고 서양철학은 자연을 인식하고 외적 세계를 정복하는 것을 목표로 하는 향외적 추구를 했기 때문에 이런 중서문화의 차이를 도출

하였다는 것이다. 1923년 '인생 이상의 비교연구' 라는 제목의 논문으로 박사학위를 취득한다. 이 논문에서 그는 세계의 여러 철학을 손도損道, 익도益道, 중도中道의 철학으로 분류한다. 자연을 중시하는 것이 손도이고 인위적인 것을 강조하는 것이 익도라면 중도는 양자를 조화하는 철학을 말하는데, 그는 어느 철학에 대해서도 관대한 태도를 보였지만 중도철학으로 분류한 유가철학에 대한 사랑은 각별하였다. 1923년 귀국한 이후 몇 군데 대학에서 교편을 잡다가 1929년 명문 칭화대학교 교수가 되었다. 칭화대에 재직했던 동안 중국은 북벌전쟁, 국공 내전, 항일 전쟁 등 계속된 전쟁으로 전국시대에 비견될 만큼 혼란스러웠지만 그는 주요 저작을 속속 발표하면서 학문적으로 절정의 시기를 맞이했다. 국공합작으로 1945년 중국은 결국 8년에 걸친 항일전쟁에서 승리를 거뒀지만 다시 국민당과 공산당은 내전에 돌입한다. 『중국철학사』는 바로 이런 격변의 시대를 배경으로 탄생된 그의 학문적 성과의 꽃이라고 할 수 있다.

국공 내전이 공산당의 승리로 기울자 상당수의 학자들은 장제스를 따라 타이완으로 향했지만 그는 예상 외로 떠나지 않았다. 신중국 성립 이후에 칭화대 철학과가 베이징대에 통합되자 그는

1952년부터 베이징대 철학과 교수로 줄곧 봉직하였다. 하지만 그가 대륙에 남은 대가는 혹독했다. 토지개혁에 참여해야 했으며 자신의 철학을 스스로 비판해야 하는 등 모진 시련에 직면했다. 1957년 전통 계승의 방법론으로 그가 제기한 '추상계승법'은 맹렬한 비판을 받기에 이른다. 문화대혁명 기간에는 반동학술권위로 몰려 고생하다가 비림비공批林批孔운동(임표를 비판하고 공자를 비판한 운동)의 와중에 베이징대와 칭화대로 구성된 공자 사상 대비판 그룹의 고문에 불려나가게 된다. 이는 평생 견지했던 자신의 존공尊孔 입장을 부정하는 것이었지만 물질적으로는 편안한 시기였다. 하지만 이것도 잠시, 문화대혁명을 10년간의 대동란으로 규정한 개혁개방의 시대가 열리면서 그는 80세가 넘은 고령의 나이에 다시 곤란한 처지에 몰리게 되었다. 그렇지만 그는 중국철학사를 새롭게 고쳐 쓰는 작업을 다시 시작한다. 이는 1960년대 초반부터 시작한 일이었지만 문화대혁명 기간 중에 중단되는 등 우여곡절을 겪다가 개혁개방 이후에 비로소 진정으로 다시 계속하기 시작한 것이다. 그리하여 85세부터 시작해 95세의 나이로 생을 마감하기 몇 달 전까지 10년 동안 그야말로 생명을 바쳐 『중국철학사신편中國哲學史新編』 일곱 권을 완성한다. 당나라의 시인 이상은의 시구처럼 "봄누에는 죽어서야 실뽑기를 그치고 촛불은 재가 되어서야 눈물이 비로소 마른[春蠶到死絲方盡 蠟炬成灰淚始乾]" 격이었다. 눈도 잘 보이지 않고 귀도 잘 들리지 않는 이런 고령의 나이에 이토록 방대한 저작을 완성한 것은 기적에 가까운 일이라고 하겠다. 그가 해야 할 일을 완수한 것이다. 그리고 얼마 후 그동안 한순간 한순간 죽음을 참아왔던 숨을 거두었다.

『중국철학사신편』을 『중국철학사』와 비교하면 일단 마르크시즘을 수용한 이후의 저작이라는 차이가 있다. 그러나 시장경제의 길을 걸어가면서 엄연히 공산당이 집권하고 있는 작금의 중국에서 유학이 새롭게 조명받고 있는 것에 비추어볼 때 그 차이란 당시에 생각했던 것처럼 커다란 것이 아니었다는 생각이 든다. 흥미로운 것은 역설적이게도 미국에서 처음 출판된 『중국철학사』가 중국에 우리보다 늦게 소개되었다는 점이다. 중국에서는 당시에 런지위[任繼愈]의 네 권짜리 『중국철학사』가 기본 교재였다. 따라서 개혁개방 이후인 1985년에 베이징대 출판사에서 펑유란의 이 철학사가 처음 번역되어 소개되었을 때 신선한 반향을 불러일으켰다. 그 후 다른 출판사에서 다른 번역자에 의해 수정 번역본이 재출간되는 등 독자들의 꾸준한 사랑을 받고 있다.

　그렇다면 일생을 관통한 그의 철학적 핵심은 무엇일까? 그것은 송명이학宋明理學 중에서도 정주이학(이정과 주희의 이학)의 전통을 현대화의 시대에 맞게 계승·발전시키려고 한 것이라고 할 수 있다. 그것은 다시 말하면 "매우 고명하면서도 중용을 지키는[極高明而道中庸]" 철학이며 인간의 정신적 경계를 고양시켜 안신입명安身立命에 이끄는 철학이라고 할 수 있다. 사실 그의 사상을 삶과 대조해보면 이러한 철학을 잘 실천했다고 말할 수 있다. 물론 변신을 거듭한 그의 일생을 매우 비판적으로 보는 입장이 있다. 하지만 이는 그가 살았던 시대를 이해하지 않거나 혹은 못하는 각박한 견해라고 하겠다.

　마지막으로 그의 『중국철학사』 중에서 흥미로운 대목을 소개해보려 한다. 거기에는 감정을 조절하는 방법에 관한 이야기가 나온다. 펑유란에 따르면 감정을 처리하는 방법에 있어서 장자莊子나 왕필王弼(226~249)이나 정명도鄭明道(1032~1085)가 똑같은 노선을 따랐다는 것이다. 장자에서는 지인至人의 마음 씀은 거울과 같아서 (사물을) 맞아들이지도 않고 보내지도 않으며 응하기는 하지만 감추어두지는 않기 때문에 사물을 이기고 상처받지 않을 수 있다고 하였고, 『삼국지』「종회전鍾會傳」의 배송지 주에 따르면 왕필은 성인은 정이 있되 거기에 걸림이 없다고 하여 성인에게는 희로애락의 감정이 없다는 하안何晏(위魏나라의 사상가)의 주장에 반대했으며, 정명도는 「정성서定性書」에서 '성인이 한결같을 수 있는 것은 성인의 정이 만사에 순응하면서도 정이 없기 때문'이라고 표현했는데, 이들 언급은 결국 성인의 마음이 거울과 같아서 비출 대상이 나타나면 비추지만 그것이 없어지면 원래의 상태로 돌아간다는 것이다. 요컨대 정을 딱 끊어버리는 것이 아니라 정은 있지만 거기에 걸림이 없는 것[有情而無累], 이것이 바로 중국 철학자들이 감정을 조절하는 방법이라는 것이다. 희로애락을 불러일으키는 대상이 눈앞에서 사라져도 시도 때도 없이 생겨나는 것이 바로 보통 사람의 정이라고 할 수 있다. 그 중에서도 특히 노여움의 감정은 잘 통제가 되지 않는다. 언젠가 베트남 틱낫한 스님의 『화』라는 책이 베스트셀러에 오른 적도 있지만, 많은 사람들이 지금도 이 노여움의 감정을 잘 통제하지 못해서 고통을 받고 있다. 어떻게 하면 이런 감정을 잘 조절할 수 있을까? 펑유란이 소개한 중국 철학자들의 이런 방법을 참고하면 혹시 도움이 될 수 있을지 모르겠다.

『시경』에 "주나라는 비록 옛 나라지만 그 천명은 새롭다[周雖舊邦 其命維新]"는 말이 있다. 이 말은 좋아했던 펑유란은 중국이야말로 매우 오래되었으면서도 새로운 나라라고 말한 적이 있다. 작금의 중국의 부상을 보면 정말 그렇지 않은가. 펑유란은 이 말을 실천하고자 평생 노력하였으며 그 철학적 결실이 바로 그의 철학사라고 말할 수 있지 않을까.

황희경은 성균관대학교 유학과를 졸업하고 동대학원에서 펑유란에 관한 연구로 박사학위를 받았다. 현재는 영산대학교 교수로 재직 중이다. 저서로는 『현대 중국의 모색』 『우리들의 동양철학』 『중국철학문답』 『몸으로 본 중국철학』 『삶에 집착한 사람과 함께 하는 논어』 등이 있다.

'깨어 있는 철인哲人'의 시대

'펑유란馮友蘭'이라는 철학자를 아는가?

중국이나 철학에 관심이 있는 한국인 독자는 알지도 모르겠다. 그를 현대 중국에서 가장 위대한 철학자로만 알고 있던 나로서는, 이 책을 번역하는 일 자체가 영광이라고 생각했다. 그러나 위대한 어떤 인물에 대한 이야기가 아니었다.

이 책을 읽는 독자는 어쩌면 중국의 '문화대혁명'에 대해 고개를 갸웃할지도 모르겠다. 나 역시 그랬다. 중국인에게 '문화대혁명'의 상처는 생각보다 깊은 게 아닐까? 현대의 중국은 경제발전의 기치 아래에서 모든 것이 무마되는 느낌이지만, 중국인의 정서 깊숙한 곳에 자리 잡은 그것은 '문화대혁명'의 상처가 아닐까? 우리에게 알게 모르게 숨어 있는 상처가 '일제강점기'에서 비롯되었듯이, 사상과 생각이 억압된 시기를 깨어 있는 지식인으로서 어떻게 감내했을까?

역사는 상처의 반복일지도 모른다. 한 나라를 이야기할 때 또는 인물을 이야기할 때 시대의 아픔과 영광을 생각해야 할 것이다.

그러나 이 책은 '문화대혁명'을 겪어내고 꿋꿋이 위대한 업적을 달성한 철학자가 쓴 책이 아니다. 잔잔하게 때로는 격앙된 어조로 아버지에 대해 이야기하는 딸 종푸宗璞의 글이다. '딸이 아버지를 그리워하며 쓴 책.' 차라리 이 표현이 더 어울릴지도 모르겠다. 일전에 신경숙 작가가 모성을 주제로 쓴 소설을 읽으며 내내 눈시울을 붉혔듯이, 나는 아버지에 대한 딸의 절절한 마음에 눈물을 훔친다. 아흔이 넘으신 아버지가 '철학사史'만 완성되면 자신을 죽게 내버려두고 더 이상 치료하지 말라고 했을 때, 그 딸은 밖으로 뛰쳐나가 통곡한다. 아버지가 돌아가실 날이 얼마 남지 않았다는 사실을 알았기 때문이다. 자신이 돌봐드릴 분이 존재하지 않는 세상. 그 순간 뼛속 깊이 외로움을 느낀다고 했다. 사랑이란 무엇인가? 이 책에서 느끼는 사랑은 남달랐다. 그것은 좀 더 보편적이며 마음속에 흐르는 강물과 같은 사랑을 떠올리게 한다. 작가인 종푸는 자신의 아버지가 대작을 완성할 수 있었던 것이 조국에 대한 사랑과 인류에 대한 보편적인 사랑 때문이라고 말했다. 이런 사랑은 어떤 것을 이뤄내는 힘이 아닐까?

"진정으로 삶을 사랑하고 깨어 있으라."

평유란이란 철학자는 조용한 미소만으로 시대를 이겨내고 죽음마저 극복하였으며 자신이 믿는 철학 세계를 완성했다.

그저 살아가지 말고 느끼고 또 느끼며 절절히 무언가 만들어가는 삶! 상처 받지 않기 위해 둘러둔 단단한 껍질을 누군가 두드린다. 무언가 절실한 것이 만들어질 때 자연히 껍질도 버려질 것이다.

나의 아버지 펑유란

초판인쇄   2011년 2월 14일
초판발행   2011년 2월 23일

지은이 펑종푸
옮긴이 은미영
펴낸이 강성민
기획 노승현
편집 최연희 이은혜
마케팅 최현수
온라인 마케팅 이상혁 한민아

펴낸곳 (주)글항아리 | 출판등록 2009년 1월 19일 제406-2009-000002호

주소 413-756 경기도 파주시 교하읍 문발리 파주출판도시 513-8
전자우편 bookpot@hanmail.net
전화번호 031-955-8891(마케팅) 031-955-8898(편집부)
팩스 031-955-2557

ISBN 978-89-93905-53-3 03100

글항아리는 (주)문학동네의 계열사입니다.

이 도서의 국립중앙도서관 출판시도서목록(CIP)은 e-CIP 홈페이지(http://www.nl.go.kr/ecip)에서
이용하실 수 있습니다.(CIP제어번호: CIP2011000484)